SIGUE AVANZANDO

10 FORMAS DE MANTENERTE CREATIVO
EN BUENOS Y MALOS MOMENTOS

AUSTIN KLEON

Sigue avanzando
10 formas de mantenerte creativo en buenos y malos momentos

Título original: *Keep Going*
Publicado por acuerdo con Workman Publishing Company, Inc., New York.

Primera edición: julio, 2019

D. R. © 2019, Austin Kleon

D. R. © 2019, derechos de edición mundiales en lengua castellana:
Penguin Random House Grupo Editorial, S. A. de C. V.
Blvd. Miguel de Cervantes Saavedra núm. 301, 1er piso,
colonia Granada, delegación Miguel Hidalgo, C. P. 11520,
Ciudad de México

www.megustaleer.mx

D. R. © Austin Kleon, por el diseño de cubierta e interiores
D. R. © Clayton Cubitt, por la fotografía del autor
D. R. © Yuriria Fanjul, por la traducción

ISBN: 978-607-317-845-7

Impreso en México – *Printed in Mexico*

El papel utilizado para la impresión de este libro ha sido fabricado a partir de madera procedente
de bosques y plantaciones gestionadas con los más altos estándares ambientales, garantizando
una explotación de los recursos sostenible con el medio ambiente y beneficiosa para las personas.

Penguin
Random House
Grupo Editorial

PARA MEGHAN + OWEN + JULES
(LAS RAZONES POR LAS CUALES SIGO AVANZADO)

ESCUCHADO
EN EL
TITANIC.

"Digo, sí, nos estamos hundiendo,

pero

la

música

excepcional"

"Creo que necesito seguir siendo creativo, no para probar algo sino porque me hace feliz simplemente hacerlo... y creo que tratar de ser creativo, mantenerse ocupado, tiene mucho que ver con mantenerse vivo".

–Willie Nelson

ESCRIBÍ ESTE LIBRO PORQUE NECESITABA LEERLO.

Hace algunos años solía despertarme todos los días, leía los enca-
bezados de las noticias en mi celular y sentía como si el mundo se
hubiera vuelto más estúpido y más malo de la noche a la mañana. Al
mismo tiempo, ya llevaba más de una década escribiendo y haciendo
arte y nada de eso se estaba volviendo más fácil. *¿Qué no se suponía que la
cosa tenía que volverse más fácil cada vez?*

Todo mejoró tan pronto hice las paces con el hecho de que tal vez
la cosa nunca se volvería más fácil. El mundo está loco. El trabajo
creativo es difícil. La vida es corta y el arte es largo.

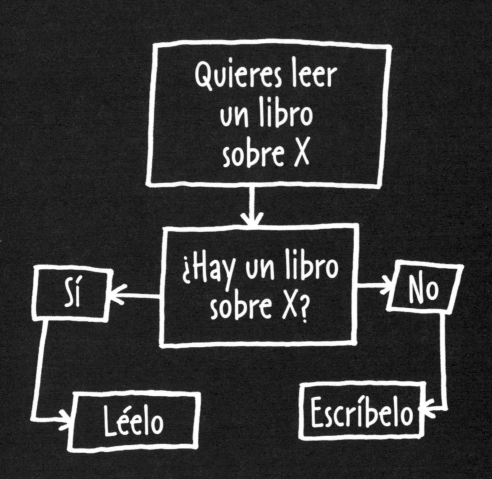

Ya sea que estés agotado, empezando, empezando de nuevo, o que seas sumamente exitoso, la pregunta es siempre la misma: ¿cómo seguir avanzando?

Este libro es una lista de diez cosas que me han ayudado a mí. Lo escribí particularmente para escritores y artistas, pero creo que los principios aplican a quien sea que esté tratando de sostener una vida creativa que sea productiva, elocuente y significativa, incluyendo a emprendedores, maestros, estudiantes, jubilados y activistas. Muchos de los puntos que menciono son consejos que les he robado a otros. Espero que tú también encuentres cosas en este libro que puedas robarte.

No hay reglas, por supuesto. La vida es un arte, no es ciencia. Tu kilometraje puede variar. Toma lo que te sea útil y desecha lo demás.

Sigue avanzando y cuídate.

Yo haré lo mismo.

① CADA

EL DÍA DE LA

DÍA ES

MARMOTA.

TOMA UN DÍA A LA VEZ.

"Ninguno de nosotros sabe
lo que va a pasar. No pierdas tiempo
preocupándote por eso. Haz la cosa
más hermosa que puedas hacer.
Trata de hacer eso cada día. Eso es todo".

–Laurie Anderson

Tan pronto como alguien empieza a hablar de "la carrera artística" pongo los ojos en blanco.

Eso suena demasiado arrogante para mí. Demasiado heróico.

La única carrera artística que parece que yo he emprendido en mi vida es el trayecto de tres metros desde la puerta trasera de mi casa hasta mi estudio en mi cochera. Me siento en mi escritorio y miro fijamente la página en blanco y pienso: "¿no hice esto mismo ayer?".

Cuando trabajo en mi arte, no me siento como Odiseo. Me siento más como Sísifo tratando de cargar una piedra en la espalda hasta la cima de la montaña. Cuando trabajo, no me siento como Luke Skywalker. Me siento más como Phil Connors en la película *El día de la marmota*.

Para aquellos de ustedes que no la hayan visto o necesiten que les refresque la memoria, *El día de la marmota* es una comedia de 1993 con Bill Murray interpretando al personaje Phil Connors, un meteorólogo que se queda atorado en un nudo de tiempo y se despierta cada mañana el 2 de febrero —el día de la marmota— en Punxsutawney, Pensilvania, lugar de donde es originaria la famosa marmota Punxsutawney Phil, la cual, dependiendo de si puede ver su propia sombra o no, predice si el invierno durará seis meses más o no. Phil, el meteorólogo, odia Punxsutawney y el pueblo se convierte en un tipo de purgatorio para él. Intenta hacer todo lo que se le ocurre, pero no logra salir del pueblo y no logra tampoco llegar al 3 de febrero. El invierno, para Phil, es infinito. No importa lo que haga, siempre sigue despertándose en la misma cama cada mañana para enfrentarse al mismo día.

En un momento de desesperación, Phil se voltea con un par de borrachos en el bar de un boliche y les pregunta: "¿Qué harían ustedes si estuvieran atorados en un mismo lugar y cada día fuera exactamente igual sin importar lo que hicieran al respecto?".

Es la pregunta que Phil tuvo que responder para que la trama de la película avanzara, pero también es la pregunta que tenemos que responder para avanzar la trama de nuestras vidas.

Yo creo que nuestro arte es la manera en la que respondemos a esta pregunta.

cada

día

se

crea

desde cero

No soy la primera persona que dice que *El día de la marmota* es posiblemente la gran paradoja de nuestros tiempos. Harold Ramis, director y coautor de esta película, dijo que recibió innumerables cartas de curas, rabinos y monjes, todos elogiando el mensaje espiritual de su película y aclamando que hablaba de su propia religión. Pero yo creo que la película es relevante particularmente para las personas que quieren hacer trabajo creativo.

La razón es ésta: la vida creativa no es lineal. No es una línea recta de A a B. Es más como un círculo, o como una espiral, en la que uno sigue regresando a un punto de inicio después de cada proyecto. No importa cuán exitoso hayas sido, no importa el nivel de desempeño que hayas alcanzado, nunca vas a haber "llegado al final" realmente. Con excepción de la muerte, no hay un final o un momento de conclusión para una persona creativa. "Incluso después de haber alcanzado la excelencia", escribe el músico Ian Svenonius, "la remota persona que llegara a notarlo se preguntará: ¿y qué sigue?".

Los artistas verdaderamente prolíficos que conozco siempre tienen una respuesta a esa pregunta porque ya resolvieron su *práctica diaria* —una manera repetitiva de trabajar que los aísla del éxito, el fracaso y del caos del mundo exterior—. Todos han decidido en qué quieren invertir su tiempo y trabajan en eso todos los días, pase lo que pase. Aunque su último proyecto haya sido rechazado universalmente, ignorado o aclamado, saben que de todas maneras se levantarán al día siguiente y harán su trabajo artístico.

Tenemos muy poquito control sobre nuestras vidas. La única cosa que realmente podemos controlar es aquello a lo que dedicamos nuestros días: en qué trabajamos y cómo trabajamos en ello. Puede parecer un largo trecho, pero realmente creo que lo mejor que puedes hacer si quieres hacer arte es pretender que tienes el papel estelar en tu propia nueva versión de *El día de la marmota*: ayer ya se acabó, mañana tal vez nunca llegue, sólo te queda hoy y lo que puedas hacer con ello.

"Cualquier hombre puede pelear las batallas de un solo día", así es como empieza un pasaje de *Veinticuatro horas al día*, el libro de Richmond Walker sobre meditaciones para alcohólicos en recuperación. "No es sino hasta que tú y yo sumamos el peso de esas dos terribles eternidades, ayer y mañana, que nos sentimos abatidos. No es la experiencia de hoy lo que vuelve loco al hombre. Es el remordimiento o la amargura de algo que pasó ayer, o el temor de lo que pueda venir mañana. Entonces, hagamos nuestro mejor esfuerzo para vivir solamente un día a la vez".

La vida creativa no es en la que te coronas como el héroe triunfador y vives feliz para siempre. La verdadera vida creativa es aquella en la que te despiertas cada día, como Phil, con más trabajo por hacer.

"Cómo ocupamos nuestros días es, por supuesto, cómo ocupamos nuestras vidas".

–Annie Dillard

ESTABLECE UNA RUTINA DIARIA.

"Confiar en la técnica y en la rutina es mucho menos sexy que ser un artista genio. Pero es una excelente estrategia para no volverte loco".

–Christoph Niemann

Habrá buenos y malos días. Días en los que te sientas inspirado y días en los que te quieras tirar de un puente (y algunos días en los que no puedas distinguir entre uno y otro).

Una rutina diaria te va a ayudar a enfrentar cada día y a aprovecharlo al máximo. "Un horario te protege del caos y los caprichos", escribe Annie Dillard. "Es una red para atrapar los días". Cuando no sabes bien qué hacer, tu rutina te lo dice.

Cuando no tienes mucho tiempo, una rutina te ayuda a ver que el poquito tiempo que tienes cuenta mucho. Cuando tienes todo el tiempo del mundo, una rutina te asegura que no lo desperdicies. Yo he logrado escribir en épocas en las que tengo un empleo, he escrito cuando la escritura es mi actividad de tiempo completo, y he escrito en épocas en las que tengo que cuidar niños pequeños. El secreto para poder escribir en todas esas circunstancias es tener un plan diario y apegarse a él.

TODOS LOS DÍAS:

- [ ] Escucha una linda canción
- [ ] Lee un buen poema
- [ ] Ve una buena imagen
- [ ] Di un par de palabras razonables

—Goethe

En su libro *Rituales cotidianos*, Mason Currey cataloga las rutinas de 161 creativos: a qué hora se despertaron, cuándo trabajaron, qué comieron, qué bebieron, qué pospusieron y demás. Es un collage del comportamiento humano muy interesante. Solamente leer sobre los hábitos de escritores es como ir a un zoológico humano. Kafka garabateaba a media noche mientras su familia dormía. Plath escribía en la mañana antes de que se despertaran sus hijos. Balzac tomaba 50 tazas de café al día. Goethe olfateaba manzanas podridas. Steinbeck tenía que sacarle punta a 12 lápices antes de empezar a trabajar.

Es increíblemente divertido leer sobre las rutinas y los rituales de la gente creativa, pero lo que se vuelve claro después de un tiempo es que no hay una rutina perfecta y universal para el trabajo creativo. "La rutina diaria de cada uno es una colección sumamente idiosincrásica de concesiones, neurosis y supersticiones", escribe Currey, "construidas a fuerza de prueba y error y sujetas a la variedad de las condiciones externas". No puedes sólo tomarle prestada su rutina a tu artista favorito y esperar que funcione para ti. Cada uno de nuestros días está lleno de obligaciones distintas —trabajos, familias, vida social— y cada persona creativa tiene un temperamento distinto.

Para establecer tu propia rutina tienes que pasar un poco de tiempo observando tus días y tus estados de ánimo. ¿Cuáles son los huecos que hay en tu agenda? ¿Qué le podrías quitar a tu día para hacerte más tiempo? ¿Eres una alondra o un búho? (He conocido muy poca gente que ame trabajar por las tardes. "Detesto este tiempo tan confuso, que no es ni el día ni la noche", escribió Charles Dickens.) ¿Hay rituales tontos o supersticiones que te puedan poner en un humor creativo? (Estoy escribiendo estas palabras con un lápiz en la boca como si fuera un cigarro.)

la musa

está lista para

sorprenderme

si

yo

me presento todos los días
y

digo:

"¿Te gustaría pasar tiempo conmigo?"

Supongo que para algunas personas una rutina estricta puede sonar como una prisión. Pero, ¿qué no estamos todos, de alguna manera, "haciendo el tiempo"? Cuando el rapero Lil Wayne estuvo en la cárcel, me di cuenta de que yo le tenía envidia a su rutina diaria que consistía en despertarse a las 11 a.m., tomar café, hacer llamadas, bañarse, leer correos electrónicos de sus fans, comer, hacer llamadas, leer, escribir, cenar, hacer lagartijas, escuchar el radio, leer y dormir. "Dios mío, apuesto a que yo podría escribir muchísimo si me metieran a la cárcel", bromeaba con mi esposa. (Cuando visité Alcatraz, sí pensé que se podría convertir en la colonia de escritores perfecta. *¡Qué vista!*)

Un poco de encarcelamiento —si lo haces tú mismo— te puede liberar. En vez de restringir tu libertad, una rutina *te da* libertad al protegerte de los altibajos de la vida y te ayuda a aprovechar tu límite de tiempo, energía y talento. Una rutina establece buenos hábitos que te pueden llevar a tu mejor obra.

Lo mejor, pienso, es que cuando tus días prácticamente tienen la misma forma, los días que no tienen la misma forma se vuelven todavía más interesantes. No hay nada como una buena fuga de la prisión; sin embargo, irse de pinta no es divertido si siempre faltaste a la escuela.

No es tan importante en qué consiste tu rutina diaria. Lo importante es que haya una rutina. Construye tu propia rutina, apégate a ella lo más posible, rómpela de vez en cuando para mantener un poco de diversión y modifícala como sea necesario.

"Mis crudas están agendadas con un año de anticipación".

–John Waters

HAZ LISTAS.

"Hago listas para bajar mi nivel de ansiedad. Si escribo las 15 cosas que tengo que hacer, pierdo esa sensación confusa e irritante de que tengo un número agobiante de pendientes y de que todos están a punto de olvidárseme".

–Mary Roach

Las listas le ponen orden al universo caótico. Amo hacer listas. Cuando tengo que solucionar mi vida, hago una lista. Una lista te saca todas las ideas de la mente y te limpia el espacio mental para que puedas realmente hacer algo con ellas.

Cuando me siento desbordado recaigo siempre en la vieja "lista de cosas que hacer". Hago una lista enorme de todo lo que necesito hacer, elijo la cosa de mayor urgencia y la hago. Después la tacho de la lista y elijo otra cosa que hacer. Repito.

Algunos de mis artistas favoritos hacen "listas de cosas que dibujar". David Shrigley hacía una lista enorme de 50 cosas que dibujar, con una semana de antelación. Esa lista significaba que ya no tenía que perder tiempo en su estudio preocupándose por qué hacer. "La cosa más simple que he aprendido a lo largo de los años es sólo tener un punto de partida; una vez que tienes un punto de partida, parece que el trabajo se hace solito", dice.

Cómo estar contento

1. Lee viejos libros.
2. Haz caminatas largas.
3. Toca el piano.
4. Haz arte o pinta con niños.
5. Ve comedias tontas.
6. Escucha música soul.
7. Escribe en tu diario.
8. Toma siestas.
9. Mira la luna.
10. Haz listas tontas.

Leonardo da Vinci hacía "listas de cosas que aprender". Se levantaba en la mañana y escribía todo lo que quería aprender ese día.

Cuando hay algo que yo quiero hacer en el futuro pero que no tengo tiempo de hacer ahorita, lo añado a lo que David Allen —experto en productividad— llama la lista de "algún día/tal vez". El escritor Steven Johnson hace esto en un mismo documento que llama "documento foco" —cada vez que "se le prende el foco", añade su nueva idea al documento y luego vuelve a leer la lista en un par de meses.

A veces es importante hacer una lista de lo que no vas a hacer. Los miembros de la banda de punk Wire nunca coincidían en algo que les gustara a todos, pero sí coincidían en lo que no les gustaba. Entonces, en 1977 se sentaron e hicieron una lista de reglas: "No haremos solos; no habrá ornamentación; cuando nos quedemos sin palabras, paramos; no repetiremos todo a coro; no nos desviaremos de 'rockear'; siempre iremos al grano; nada de 'americanismos'". Esta lista definió su sonido.

Cuando tengo que tomar una decisión, uso la lista de "pros y contras". En 1772, Benjamín Franklin le explicó a su amigo Joseph Priestley: "Toma una hoja de papel y traza una línea por la mitad que la divida en dos columnas, en una columna escribe los "pros" y en la otra los "contras". Cuando Charles Darwin estaba tratando de decidir si se casaría o no, hizo una lista de pros y contras.

Cuando me siento trabado en las mañanas y no sé qué escribir en mi diario, modifico la lista de pros y contras. Trazo una línea en la mitad de la hoja, en una columna escribo aquello de lo que estoy agradecido y en la otra columna aquello en lo que necesito ayuda. Es una oración en un papel.

"Una lista es una colección con propósito", escribe el diseñador Adam Savage. Me gusta recapitular al final del año y ver en dónde estoy, así que hago una lista de "los 100 mejores" viajes, eventos, libros, discos, películas, etc.

GRACIAS POR:

AYÚDAME A:

Una oración
en papel

Le robé esta práctica al caricaturista John Porcellino quien publica una lista de "los 40 mejores estilos" es su fanzine *King-Cat*. (Él también es un gran hacedor de listas; hará listas de ideas de historias y dibujos para su revista antes de sentarse a dibujarlos.)

Cada lista es como un diario organizado del año. Me reconforta regresar a años pasados y ver qué ha cambiado y qué no ha cambiado.

Cuando necesito mantenerme espiritualmente encarrilado, hago mi propia versión de los diez mandamientos. Una lista de "¡Deberás!" y una de "¡No deberás!". Ponte a pensar, este libro es una de ellas,

"Tu lista es tu pasado y tu futuro. Llévala contigo en todo momento. Prioriza: hoy, esta semana y eventualmente. Algún día vas a morir con cosas todavía en la lista, pero por ahora, mientras vives, tu lista te ayuda a priorizar lo que puedes hacer en tu tiempo limitado".

—*Tom Sachs*

"Termina cada día y no hagas nada más.
Hiciste lo que pudiste; algunas metidas de pata
y absurdos sin duda se colaron; olvídalos
tan pronto como puedas. Mañana será
un nuevo día; deberás empezarlo bien
y con serenidad, y con un espíritu tan alto
que no lo podrán alcanzar tus viejas boberías".

–Ralph Waldo Emerson

TERMINA CADA DÍA Y NO HAGAS NADA MÁS.

No todos los días van a salir como nosotros queramos. Todas las rutinas y las listas de cosas que hacer son aspiraciones. "Buceas por perlas", decía Jerry Garcia, "pero a veces sales con almejas".

Lo importante es llegar al final del día, sea lo que sea. No importa qué tan mal hayan salido las cosas hoy, sólo enfócate en el final del día para que puedas llegar al día siguiente. Después de pasar el día con su hijo de cinco años, Nathaniel Hawthorne escribió en su diario: "Nos deshicimos del día tan bien como pudimos". Hay veces que sólo te tienes que deshacer de los días.

Cuando se ponga el sol y hagas una recapitulación de tu día, sé gentil contigo mismo. Un poquito de autoperdón te lleva muy lejos. Antes de irte a la cama, haz una lista de todo lo que sí lograste y una lista de lo que quieres lograr mañana. Y luego olvídate. Llega a la almohada con la mente limpia. Deja que tu subconsciente trabaje en el resto mientras tú duermes.

Un día que hoy te parece desperdiciado puede ser que más tarde resulte que tuvo un propósito, un uso específico o algo bello. Cuando el artista de videojuegos Peter Chan era joven, le encantaba dibujar, pero cuando se frustraba arrugaba sus "malos" dibujos. Su padre lo convenció de que si dejaba los "malos" dibujos boca arriba sobre la mesa, en vez de hacerlos bolita, podrían caber mejor en el basurero. Después de que su papá murió, Chan encontró en las posesiones de su padre un fólder con una etiqueta que decía "Peter". Cuando lo abrió, allí estaban todos los viejos dibujos que había descartado. Su padre se había metido a su cuarto y había rescatado del basurero los dibujos que pensaba que valía la pena guardar.

Cada día es como una hoja en blanco: cuando acabas de llenarla, la puedes guardar, la puedes arrugar y hacer bolita, o la puedes deslizar en el bote del reciclaje y dejarla estar allí. Sólo el tiempo te dirá qué valió la pena y qué no.

¿Sobrevivimos el día?

Sí

la pregunta

clave

en

esos oscuros días

"Cada día es un proyecto nuevo.
Sigue trabajando y posiblemente
algo va a salir".

–Harvey Pekar

②CONSTRUYE

BASE DE

UNA

FELICIDAD.

DESCONÉCTATE DEL MUNDO PARA CONECTARTE CONTIGO MISMO.

"Es difícil poder articular cualquier cosa sobre la vida sin sumergirse por completo en el mundo, pero también es prácticamente imposible descifrar lo que es el mundo, o articularlo lo mejor posible, sin salirse de él".

—Tim Kreider

La creatividad es *conexión*, tienes que estar conectado con los demás para poder inspirarte y compartir tu trabajo. Pero también es *desconexión*, tienes que retraerte del mundo suficiente tiempo para poder pensar, practicar tu arte y aportar algo a la mesa que sea digno de ser compartido con otros. Debes jugar un poco a las escondidillas para poder producir algo que valga mucho la pena compartir.

El silencio y la soledad son cruciales. Nuestro mundo moderno con avisos constantes y notificaciones, ciclos de noticias 24/7 y el estar continuamente en contacto, es casi completamente inhóspito al tipo de retiros que los artistas deben hacer para poder enfocarse de manera más profunda en su trabajo.

En *El poder del mito*, Joseph Campbell dice que todo el mundo debería construir una "base de felicidad":

> Debes tener una habitación, o una hora específica en el día, en la que no sepas qué se publicó en los periódicos esa mañana, en la que no sepas quiénes son tus amigos, en la que no sepas qué le debes a alguien, o si alguien más te debe. Éste es un lugar en el que simplemente experimentas y compartes lo que eres y lo que podrías ser. Éste es el

lugar de la incubación de la creatividad. Al principio te puede parecer que nada sucede allí. Pero si tienes un espacio sagrado y lo usas, algo eventualmente sucederá.

Nota que Campbell dice que tienes que tener ya sea una habitación o una hora específica. Una base de felicidad puede ser no sólo un *dónde*, sino también un *cuándo*. No sólo un *espacio* sagrado sino también un *tiempo* sagrado.

La edición de lujo, de hecho, incluiría tanto un cuarto especial como una hora especial en la que entrarías allí. Pero yo creo que se puede compensar con uno u otro. Por ejemplo, si vives en un departamento chiquitito con niños pequeños y no hay *espacio* para una base de felicidad, puede que sólo tengas *tiempo*. Cuando los niños duermen o están en la escuela o en la guardería, incluso la mesa de la cocina se puede volver tu base de felicidad. O si, por ejemplo, tu agenda es totalmente impredecible y no puedes asignar un horario específico del día porque cada día cambia, allí es cuando un lugar reservado, que esté para ti en cualquier momento, va a ser muy útil.

La base de felicidad en mi cochera

PRENDE

APAGA

SINTONIZA

PON TODO EN SILENCIO

ABANDONA

CONTINÚA

Es cierto que es más sano darnos una cita diaria para desconectarnos del mundo y conectar con nosotros mismos. Niños, trabajo, sueño y mil y una otras cosas van a anteponerse, pero tenemos que encontrar nuestro propio espacio sagrado y nuestro propio tiempo sagrado.

"¿Dónde está tu base de felicidad?", preguntó Campbell. "Tienes que tratar de encontrarla".

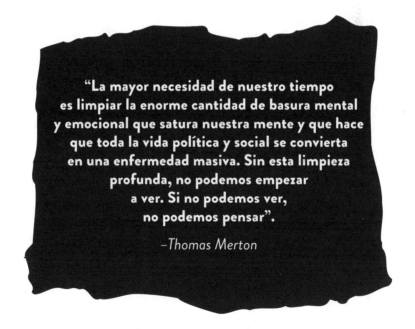

"La mayor necesidad de nuestro tiempo es limpiar la enorme cantidad de basura mental y emocional que satura nuestra mente y que hace que toda la vida política y social se convierta en una enfermedad masiva. Sin esta limpieza profunda, no podemos empezar a ver. Si no podemos ver, no podemos pensar".

–Thomas Merton

PUEDES DESPERTAR SIN EL NOTICIERO.

"Todo el mundo recibe tanta información durante todo el día que la gente pierde su sentido común".

–Gertrude Stein

Un amigo mío me dijo que no sabía cuánto tiempo más iba a poder seguir leyendo tan terribles noticias al despertar cada mañana. Yo le sugerí que no leyera las noticias a esa hora en lo absoluto, y pienso que nadie debería hacerlo.

Casi no hay nada en las noticias que cualquiera de nosotros necesite leer durante la primera hora del día. Cuando extiendes el brazo para ver tu teléfono o tu computadora al despertarte, inmediatamente invitas a la ansiedad y al caos a tu vida. De igual manera te estás despidiendo de algunos de los momentos más fértiles en la vida de una persona creativa.

Muchos artistas han descubierto que su momento más productivo del día es al despertar, cuando su mente está fresca y cuando todavía están en un estado cercano al sueño. El director de cine Francis Ford Coppola dice que le gusta trabajar temprano en la mañana porque "nadie se ha despertado todavía, ni me ha llamado, ni ha herido mis sentimientos". La manera más fácil de que alguien pueda herir mis sentimientos es encendiendo mi celular tan pronto me levanto. Incluso en aquella rara ocasión en la que no lo hacen, ya perdí el tiempo y mi cerebro se dispersó.

Claro, las noticias tienen el poder de dispersar nuestro cerebro, independientemente de la hora a la que nos pongamos al corriente con ellas. En 1852, Henry David Thoreau se quejó en su diario de que había empezado a leer un periódico semanal y que a partir de entonces ya no le estaba poniendo la misma atención a su propia vida y a su propio trabajo. "Toma más de un día de dedicación completa poder conocer y poseer la riqueza de un día", escribió. "Leer sobre cosas escandalosas y distantes nos lleva a ser desconsiderados con aquellas que son aparentemente irrelevantes y cercanas". Decidió que su atención era demasiado valiosa y finalmente dejó de leer el periódico semanal *Tribune*. Unos 166 años después de que Thoreau se quejó del periódico semanal, siento que leer el periódico los domingos es un punto medio bastante sano: están allí prácticamente todas las noticias que necesito saber para ser un ciudadano informado.

Si estás usando tu teléfono para despertarte y está arruinando tus mañanas, intenta esto: antes de que te vayas a dormir, conecta tu teléfono en un enchufe del otro lado del cuarto, o en algún lugar lejos del alcance de tu brazo. Cuando te despiertes, haz todo lo posible por no mirarlo.

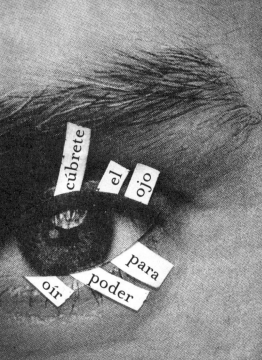

cúbrete el ojo para poder oír

cúbrete el oído para poder ver

Hay muchas formas mejores para despertarse: dirígete a tu base de felicidad, desayuna algo, haz estiramientos, haz un poco de ejercicio, da un paseo, sal a correr, escucha un poco de Mozart, báñate, lee un libro, juega con tus hijos, o sólo permanece en silencio un rato. Incluso si son 15 minutos, date un poco de tiempo en la mañana para no horrorizarte completamente con las noticias.

No se trata de meter la cabeza en una duna de arena. Se trata de conservar un poco de tu equilibrio interior y tu salud mental para que puedas estar más fuerte y hacer tu trabajo.

Puedes estar despierto sin haber amanecido con las noticias.

> "Mantén la mirada en tu mundo interior y mantente lejos de los anuncios y los idiotas y las estrellas de cine".
>
> —Dorothea Tanning

"El teléfono nos da mucho pero nos quita tres
elementos clave de descubrimiento:
la soledad, la incertidumbre y el aburrimiento.
De éstos han surgido siempre las ideas creativas"

–Lynda Barry

EL MODO AVIÓN PUEDE SER UNA FORMA DE VIDA.

En su proyecto *Asignación de asiento*, la artista Nina Katchadourian usa los viajes en avión, donde no tiene señal, para crear arte utilizando sólo la cámara de su teléfono, las cosas que empacó para su viaje y materiales que encuentra en el avión. Le espolvorea un poco de sal a las fotos de la revista de vuelo para crear imágenes siniestras de espíritus y fantasmas. Dobla su suéter en forma de cara de gorila. Se disfraza con papel de baño y fundas de asiento en el baño del avión y se toma fotos para recrear retratos al estilo de la vieja pintura flamenca.

Mientras muchos de nosotros luchamos contra la adicción al teléfono inteligente, Katchadourian ha encontrado cómo convertir el celular en una máquina para crear arte. Lo mejor de todo es que nadie sospecha qué es lo que está a punto de hacer. "Tan pronto sacas una cámara de verdad ésta grita '¡estoy haciendo arte!' y te evidencia". Sin embargo, de esta otra forma la gente sólo da por hecho que allí hay una viajera más que está aburrida y matando tiempo. *Asignación de asiento* se ha llevado a cabo en más de 200 vuelos desde 2010 y, mientras escribo esto, Katchadourian dice que sólo tres compañeros de viaje durante todos esos años le han preguntado qué es lo que está haciendo.

Ahora, cada vez que estoy en un avión pienso en todo el arte que podría estar creando. Mi maestro de escritura solía bromear diciendo que la primera regla para escribir bien es "poner el trasero en la silla". A mí me parece que los vuelos son el lugar perfecto para escribir, ya que estás obligado a poner todos tus dispositivos en modo avión y estás literalmente amarrado a una silla.

habiéndose

aburrido hasta los dientes

el   artista

comenzó a trabajar

Pero, ¿por qué no reproducir la experiencia estando en tierra? No necesitas estar en un vuelo para practicar el modo avión: ponte unos tapones baratos en los oídos, pon tu celular y tu tablet en modo avión y podrás transformar cualquier trayecto en transporte público o cualquier momentito que te sobre en una oportunidad para conectar contigo mismo y con tu obra.

El modo avión no es solamente un ajuste en tu teléfono: puede ser un modo de vida.

"Casi todo seguirá funcionando si lo desconectas un par de minutos, incluido tú".

–Anne Lamott

"**Debo rechazar la oferta, por razones secretas**".

–*E. B. White*

APRENDE A DECIR "NO".

Para poder proteger tu espacio y tiempo sagrados, tienes que aprender a rechazar todo tipo de invitaciones que provengan del mundo. Debes aprender a decir "no".

El escritor Oliver Sacks llegó a clavar un enorme letrero que decía "¡NO!" al lado del teléfono para acordarse de mantener su tiempo de escritura. El arquitecto Le Corbusier pasaba las mañanas en su departamento pintando y las tardes en su oficina practicando arquitectura. "Pintar cada mañana es lo que me permite estar lúcido cada tarde", decía. Hizo todo lo que pudo para mantener sus dos identidades separadas, incluso firmaba sus pinturas con su nombre de nacimiento, Charles-Édouard Jeanneret. Una vez, un periodista tocó a la puerta de su departamento durante las horas de pintura y pidió hablar con Le Corbusier. Le Corbusier lo miró a los ojos y le dijo: "Una disculpa, el señor no está".

Decir que no es todo un arte. El artista Jasper Johns contestaba las invitaciones con una plantilla prehecha que decía "Lo lamento". El escritor Robert Heinlein, el crítico Edmund Wilson y el editor de la revista *Raw*, todos usaban respuestas preformuladas con casillas de verificación. Ahora, muchos de nosotros recibimos invitaciones vía correo electrónico, así que ayuda mucho si tienes un machote a la mano que diga: "No, gracias". En su obra *Cómo decirle que no a cualquiera gentilmente*, Alexandra Franzen sugiere lo siguiente: agradécele al remitente por haber pensado en ti, declina y, si puedes, ofrece otra manera de apoyarlo.

Querido _____,

Muchas gracias por pensar en mí.

Desafortunadamente tengo que rechazar la invitación.

Mis mejores deseos,

_____

Decir "NO"

a

todos

los

que

no sean

yo

Las redes sociales han creado un fenómeno humano llamado FOMO, del inglés Fear of Missing Out (miedo a perderse de algo). Es la sensación, al desplazar la pantalla hacia abajo, de que todos los demás ahí afuera la están pasando mucho mejor que tú. El único antídoto es JOMO: the Joy of Missing Out (la alegría de perderse de algo). Como el escritor Anil Dash explica: "Puede haber, y debería haber, un sentimiento de alegría, felicidad y serenidad en el saber y en celebrar que hay amigos en el mundo viviendo el mejor momento de su vida en algo que a ti te habría podido encantar, pero que simplemente te estás saltando".

Decirle "no" al mundo puede ser sumamente difícil, pero muchas veces quizá es la única manera de decirle "sí" a tu arte y a tu salud mental.

"Yo pinto dándole la espalda al mundo".
–Agnes Martin

③ OLVÍDATE DEL

HAZ

SUSTANTIVO,

EL VERBO.

"CREATIVO" NO ES UN SUSTANTIVO.

"Tienes que haber hecho algo antes de que alguien pueda decir que hiciste algo. El título de artista o de arquitecto o de músico, de alguna manera, se gana".

–Dave Hickey

Muchas personas quieren ser el sustantivo sin hacer el verbo. Quieren tener el título sin haber hecho el trabajo.

Deja ir la idea de lo que estás tratando de ser (el sustantivo) y enfócate en el trabajo real que debes estar haciendo (el verbo). Llevar a cabo la acción te va a llevar más lejos y a un lugar mucho más interesante.

Si escoges un mal sustantivo al cual aspirar te vas a quedar atorado con el verbo incorrecto. Cuando la gente usa palabras como "soy un creativo, ese es mi puesto de trabajo", no sólo divide el mundo de manera errónea entre "creativos" y "no creativos", sino que también implica que el trabajo de un "creativo" es "ser creativo". Pero la creatividad nunca es un fin, es una vía para hacer algo más. La creatividad es sólo una herramienta. La creatividad puede ser utilizada para organizar tu sala, para pintar una obra de arte o para diseñar un arma de destrucción masiva. Si solamente aspiras a ser "creativo", podrías empezar a decir que lo eres desde ahora: usas lentes de diseñador, escribes en tu Macbook Pro y subes fotos tuyas a Instagram desde tu soleado estudio.

El nombre de un puesto de trabajo te puede confundir. Los puestos, si uno se los toma muy en serio, te hacen sentir que debes trabajar de manera que tengas que beneficiar al título y no al trabajo como tal. Los nombres de puestos también pueden restringir los tipos de trabajo que crees que eres capaz de hacer. Si sólo te consideras un pintor, ¿qué pasa cuando tratas de escribir? Si sólo te consideras un director de cine, ¿qué pasa cuando tratas de esculpir?

Si esperas a que alguien te dé un título antes de que hagas el trabajo, puede que nunca llegues a hacer el trabajo. No puedes esperar a que alguien te llame artista antes de empezar a crear arte. Nunca vas a crear nada.

Cuando finalmente te conviertas en el sustantivo —cuando ese anhelado título te haya sido otorgado por los demás— no dejes de hacer tu verbo.

Los nombres de puestos o títulos no están realmente allí para ti, están allí para los demás. Deja que los demás se preocupen por ellos. Quema tus tarjetas de presentación si hace falta.

Olvídate completamente de los sustantivos. Haz los verbos, las acciones.

"No sé qué soy. Sé que no soy una categoría. No soy una cosa, un sustantivo. Parece más bien que soy un verbo, un proceso en evolución".

–R. Buckminster Fuller

TU VERDADERO TRABAJO ES JUGAR.

Todos los niños aprenden sobre el mundo a través del juego. "Juego de niños" es un término que usamos para designar cosas que son fáciles, pero si realmente observas a los niños cuando juegan, es todo menos algo fácil. "El trabajo de los niños es jugar", decía María Montessori. Cuando mis hijos juegan están profundamente inmersos en su trabajo. Sus miradas parecen rayos láser. Tal es su concentración que incluso hacen caras. Y, cuando no encuentran los materiales para hacer lo que quieren, hacen unos berrinches tremendos.

Sin embargo, el mejor de sus juegos lo hacen con cierta ligereza y con desapego a los resultados. Cuando mi hijo Jules tenía dos años, me pasé muchísimo tiempo viéndolo dibujar. Noté que no le importaba nada el dibujo final (el producto, el sustantivo), toda su energía estaba enfocada en dibujar (la acción, el verbo). Cuando terminaba el dibujo yo podía borrarlo, tirarlo a la basura o colgarlo en la pared. Realmente no le importaba. También era un poco agnóstico: era igualmente feliz con la crayola en la mano, el plumón en el pizarrón blanco, el gis en la cochera o, de una manera que no le encantaba a sus padres, con el gis en los cojines de la terraza. (Esos dibujos eran tan buenos que mi esposa decidió coserlos en los cojines. De nuevo, a él eso le dio completamente igual.)

El juego es el trabajo del niño y también es el trabajo del artista. Una vez estaba paseándome en el barrio The Mission en San Francisco y me detuve a platicar con un pintor urbano. Cuando le agradecí por su tiempo y me disculpé por haber interrumpido su trabajo me dijo: "Para mí esto no se siente como un trabajo. Se siente más como un juego".

Los grandes artistas tienen la capacidad de mantener este sentido del juego a lo largo de sus carreras. Tanto el arte como el artista sufren mucho más cuando el artista se vuelve demasiado intenso, demasiado enfocado en los resultados.

Hay algunos trucos para mantenerse ligero y regresar a ese estado de juego infantil. El escritor Kurt Vonnegut le escribió una carta a un grupo de estudiantes de preparatoria y les dio una tarea: escriban un poema y no se lo enseñen a nadie. Rómpanlo en pedazos y tírenlo a la basura. "Se darán cuenta de que ya han sido gloriosamente recompensados por su poema. Habrán experimentado el devenir, habrán aprendido mucho más sobre lo que hay dentro de ustedes y habrán hecho crecer su alma". Esto, dijo Vonnegut, es todo el propósito del arte: "Practicar hacer arte, sin importar qué tan bien o qué tan mal te sale, es una manera de hacer que tu alma crezca, por el amor de Dios". Vonnegut repitió variantes de ese consejo durante toda su vida. Le sugería a su hija Nanette que hiciera una obra de arte y la quemara "como un ejercicio espiritual". (Hay algo catártico cuando quemas tu propia obra: el artista John Baldessari, aborrecido por todas sus obras previas, las mandó quemar todas y las puso en una urna ceremonial.)

Si perdiste tu sentido del juego, practica por el puro gusto de practicar. No tienes que ir a extremos dramáticos como la combustión. Los músicos pueden tocar juntos sin tener necesariamente que grabar un disco.

cómo hacemos las cosas

trabajamos   mucho

en

jugar

Parece

trabajo.

Pero   yo

lo

veo

como

un juego

Los escritores y artistas pueden escribir o dibujar una página y tirarla. Los fotógrafos pueden tomar fotos e inmediatamente borrarlas.

Nada hace el juego más divertido que tener juguetes nuevos. Busca herramientas y materiales que no te sean familiares. Encuentra algo con lo que te puedas entretener.

Otro truco: cuando ya nada te divierta, trata de hacer lo peor que puedas hacer. El dibujo más feo. El poema más cutre. La canción más repugnante. Hacer arte intencionalmente malo es súper divertido.

Por último, trata de pasar tiempo con niños pequeños. Juega juegos como las escondidillas, pinta con las manos, construye una torre con cubos de madera y tírala. Róbales ideas que te puedan servir. Cuando el escritor Lawrence Weschler necesitaba descifrar la estructura para alguna de sus piezas, tomaba su propio set de cubos de madera y jugaba con ellos. "Mi hija no tiene permiso de jugar con estos cubos", dice, "son míos".

No te abrumes. Mantente ligero. Juega.

"Debes practicar ser estúpido, tonto,
irreflexivo, vacío. Entonces serás capaz
de HACER... Trata de hacer un MAL
trabajo —lo peor que hayas pensado—
y ve qué pasa, pero sobre todo relájate y
deja que todo se vaya al diablo —tú no eres
responsable del mundo—
tú sólo eres responsable por tu trabajo,
así es que HAZLO".

-Sol LeWitt a Eva Hesse

④ HAZ

REGALOS.

"Dios se sale del cuarto
tan pronto como
piensas en dinero".

–Quincy Jones

PROTEGE TUS PERTENENCIAS.

Éste es uno de los fenómenos culturales contemporáneos que me vuelven loco.

Tienes un amigo que teje bufandas de lana muy bonitas. Tejer es lo que él hace para relajarse y pasar el tiempo en sus largas horas de transporte público.

Tienes otra amiga a la que le encanta cocinar pasteles. Hornear es lo que ella hace en las noches y los fines de semana para relajarse después de trabajar en su estresante trabajo corporativo.

Los tres van a una fiesta de cumpleaños. Tu amigo tejedor le regala a la chica del cumpleaños una bufanda recién terminada. Está preciosa.

¿Cuál es la reacción más común estos días?

"¡Podrías vender esto en Etsy!".

Después, la chica del cumpleaños abre sus otros regalos, tu amiga la pastelera saca el pastel que ella horneó. Todo el mundo se deleita.

¿Qué dicen todos?

"¡Deberías abrir una pastelería!".

Estamos entrenados para alabar a las personas que queremos usando terminología de mercado. En el momento en que cualquier persona demuestra cualquier talento para cualquier cosa, les sugerimos que lo conviertan en su profesión. Éste es nuestro mejor cumplido: decirle a alguien que son tan buenos en lo que les gusta hacer que podrían hacer dinero con ello.

Solíamos tener pasatiempos, ahora tenemos "negocios extra". Mientras las cosas sigan empeorando a nuestro alrededor, cuando nuestro "colchoncito" desaparezca, y mientras los trabajos permanentes sigan desapareciendo, las actividades de tiempo libre que solían reconfortarnos y despejarnos la mente del trabajo y añadir sentido a nuestra vida ahora se nos presentan como potenciales fuentes de ingresos, o maneras de ya no tener un trabajo tradicional.

Cómo sobrevivir

① Encuentra algo que te mantenga espiritualmente vivo

② Conviértelo en un trabajo que literalmente te mantenga vivo

③ ¡Ups! Regresa al paso número uno

después

de que

empezó

a ganar dinero

su

trabajo

se volvió mediocre

Soy increíblemente suertudo en este momento. Estoy viviendo el sueño, en un sentido, porque estoy ganando dinero haciendo eso que probablemente haría gratis de todas maneras. Pero las cosas se pueden volver muy muy complicadas cuando conviertes lo que te gusta en aquello que los tiene a ti y a tu familia bien vestidos y bien nutridos. Cualquiera que haya convertido su pasión en su manera de ganarse el pan de cada día conoce este peligroso terreno. Una de las mejores maneras de odiar algo que amas es convirtiéndolo en tu propio trabajo: tomando aquello que te mantiene espiritualmente vivo y convirtiéndolo en aquello que te permite, literalmente, sobrevivir.

Debes tener mucho cuidado en cómo puede afectar tu vida el hecho de monetizar tus pasiones. Quizá te das cuenta de que te viene mejor tener un trabajo fijo y que puedes hacer tu arte por fuera.

Cuando empieces a ganarte la vida con tu trabajo artístico, resiste la tentación de monetizar cada pequeña cosita de tu práctica creativa.

Asegúrate de que hay por lo menos una pequeña parte de ti que se mantiene fuera del mercado. Una pequeña parte que te guardas para ti mismo.

Un artista o un *freelance* siempre pasa por tiempos difíciles, así es que define bien qué tipo de vida quieres vivir, presupuesta tus gastos y marca una línea clara entre lo que sí vas a hacer y lo que no vas a hacer por dinero.

Y recuerda: si quieres la mayor libertad artística, mantén tus gastos generales en un nivel bajo. Llevar una vida creativa libre no implica vivir dentro de tus posibilidades sino por debajo de ellas.

"¡Haz lo que amas!", gritan los oradores de motivación personal. Pero yo creo que cualquiera que le diga a la gente que haga lo que quiere a costa de lo que sea también debe impartirles un curso de administración financiera.

"Haz lo que amas" + gastos generales bajos = una buena vida.

"Haz lo que amas" + "me merezco buenas cosas" = una bomba de tiempo.

"Siempre es bueno tener un pasatiempo que no haya forma de monetizarlo... así que sigue tus sueños, pero sólo hasta el punto en que se conviertan en tu trabajo, y luego corre en dirección contraria".

–David Rees

"No todo lo que se puede contar cuenta y no todo lo que cuenta se puede contar".

–William Bruce Cameron

IGNORA LOS NÚMEROS.

El dinero no es la única medida que puede corromper tu práctica creativa. Digitalizar tu trabajo y compartirlo en línea significa que está sujeto al mundo de las métricas en línea: número de visitas a tu sitio web, número de "me gusta", de favoritos, de compartidos, de reenvíos de blogs, de retuits, de seguidores y demás.

Es fácil obsesionarse con esas métricas como si fueran dinero. Puede ser tentador usarlas para decidir qué debes hacer después, sin tomar en cuenta lo vacías que realmente son. Un rank de Amazon no te dice si una misma persona leyó tu libro dos veces y le fascinó y se lo pasó a un amigo.

Pendientes

- ☐ Dejar dinero sobre la mesa

- ☐ Olvidar llevar las cosas al siguiente nivel

- ☐ Dejar que la fruta que esté colgando más bajo del árbol se caiga sola y se pudra

Un "me gusta" en Instagram no te indica si una de las imágenes que hiciste le impactó a una persona durante todo un mes. El número de reproducciones de un video no equivale al número de personas físicas que asistieron a tu evento en vivo y a quienes hiciste bailar.

¿Qué significan realmente los clics en el gran esquema de las cosas? Lo que han llegado a significar hoy en día es que todo lo que está en línea es puramente carnada de clics, y que está optimizado para aquellos que tienen un nivel de atención reducido. El *hit* veloz.

Noté hace bastante tiempo que en realidad hay muy poca correlación entre lo que me gusta hacer o lo que me gusta compartir y el número de "me gusta", de favoritos o de retuits que consiguen esas publicaciones. Muchas veces publico algo que me encantó hacer y que me tomó muchísimo tiempo y sólo se oyen los grillos cantar. Y cuando publico algo que creo que es medio aburrido y que además no me tomó ningún esfuerzo, se vuelve viral. Si dejara que esas métricas rigieran mi práctica personal no creo que mi corazón lo aguantaría mucho tiempo.

Si compartes tu trabajo en línea, trata de ignorar los números, por lo menos de vez en cuando. Incrementa el tiempo entre el momento en que compartes algo y el momento en que ves si recibiste comentarios. Publica algo y no revises las respuestas que obtuviste durante una semana. Apaga la analítica de tu blog y escribe sobre lo que te dé la gana. Descarga un navegador de *plug-in* que borre los números de las redes sociales.

Cuando ignoras las medidas cuantitativas por un momento puedes irte a las medidas cualitativas. ¿Es buen trabajo? ¿Muy bueno? ¿Te gusta a ti? También te puedes enfocar más en qué es lo que el trabajo hace que no puede ser medido. ¿Qué es lo que le hace a tu alma?

"Ningún artista puede trabajar sólo por los resultados; también debe gustarle el trabajo que implica conseguir esos resultados".

–Robert Farrar Capon

"No hagas cosas sólo porque quieres hacer dinero
—nunca vas a hacer suficiente—.
Y no hagas cosas porque quieres
ser famoso —porque nunca te vas a sentir
suficientemente famoso—. Dale regalos a las personas
y trabaja mucho en que los hagas teniendo
la esperanza de que esas personas noten
esos regalos y que les gusten".

–John Green

DONDE NO HAY REGALO NO HAY ARTE.

Sabes lo que es el éxito, o por lo menos tienes tu propia definición de ello. (La mía: cuando mis días son como quiero que sean.)

El "éxito incómodo", por otro lado, es el éxito en los términos de alguien más. O el éxito no merecido. O cuando piensas que una obra es pésima y luego se vuelve muy exitosa. O cuando el éxito, o simplemente perseguir el éxito, empieza a molestarte.

El "éxito incómodo" es a lo que el poeta Jean Cocteau se refería cuando decía "hay un tipo de éxito que es peor que el fracaso".

En su libro *El regalo*, Lewis Hyde discute que el arte existe tanto en la economía del regalo como en la economía de mercado, pero "donde no hay regalo no hay arte". Cuando a nuestro arte se lo roban las consideraciones del mercado —lo que tiene suficientes clics, lo que vende— puede rápidamente perder su aspecto de regalo, que es justo lo que lo hace ser arte.

Todos pasamos por ciclos de desencanto y encanto con nuestro trabajo. Cuando te sientes como si hubieras perdido o estuvieras perdiendo tu regalo, la mejor manera de recuperarlo es salirse del mercado y dar regalos.

No hay nada tan puro como hacer algo significativo para alguien especial. Cuando mi hijo Owen tenía cinco años, estaba obsesionado con los robots, así es que tan pronto como yo empezaba a odiarme y a odiar mi trabajo, tomaba una pausa de media hora y le hacía un collage de un robot de revistas y cinta adhesiva. Cuando le daba el robot, muchas veces él inmediatamente se ponía a hacer un robot para mí. Intercambiamos robots de esa manera durante cierto tiempo hasta que, como hacen los niños, se olvidó de los robots y se obsesionó con algo más. Esos robots todavía son de las cosas que he hecho que más me gustan.

Inténtalo: si estás agobiado y ya empezaste a odiar tu trabajo escoge a alguien importante en tu vida y hazle algo. Si tienes un gran público, hazles algo especial y regálaselos. O aún mejor: ofrece tu tiempo para enseñarle a alguien cómo haces lo que haces. Ve cómo se siente. Ve si te hace sentir mejor.

Nunca sabes si un regalo que hiciste para una persona en específico se va a convertir en un regalo para todo el mundo. Considera cuántas de las historias más vendidas en el mundo en realidad empezaron siendo cuentos para dormir para niños específicos.

¿A quién estás tratando de impresionar?

Si tienes suerte algún día y un gran público llega a ver lo que haces, es muy posible que sólo te importe realmente la opinión de algunos cuantos, así es que por qué no identificar a esos cuantos desde _ahora_: hazles regalos y _sigue_ haciéndoles regalos...

A. A. Milne inventó Winnie the Pooh para su hijo Christopher Robin Milne. Karen, la hija de Astrid Lindgren, acostadita en su cama, le pidió a su mamá que le contara una historia de una niña llamada Pippi Calzaslargas. C. S. Lewis convenció a J. R. R. Tolkien de que convirtiera las fantásticas historias que les contaba a sus hijos en *El hobbit*. La lista sigue y sigue y sigue.

Dar regalos nos pone en contacto con nuestros dones.

"Lo que realmente me preocupa es poder llegar a una persona".

–Jorge Luis Borges

$$\frac{\text{⑤ LO ORDI} + \text{ATENCIÓN}}{= \text{LO EXTRA}}$$

NARIO

EXTRA

ORDINARIO.

TIENES TODO LO QUE NECESITAS.

> "Es tan cierto hoy como lo ha sido siempre: quien busca la belleza la encuentra".
>
> –Bill Cunningham

Una de mis heroínas del arte fue una monja.

En los años sesenta, la hermana Mary Corita Kent era una maestra de arte en el Colegio del Sagrado Corazón en Los Ángeles. Inspirada por una exposición de la obra de Andy Warhol, empezó a hacer serigrafía. Tomaba fotos de anuncios publicitarios y letreros por toda la ciudad —las cosas que generalmente percibimos como basura, tiradero y contaminación visual— y los transformaba al sacarlos de su contexto, añadiéndolos a letras de canciones pop y versos de la Biblia escritos a mano e imprimiéndolos como si fueran mensajes religiosos. Convirtió un paquete de pan Wonder en un mensaje sobre tomar la comunión. Se robó el slogan de General Mills, "The Big G Stands For Goodness" ("La gran G significa Generosidad") e hizo que la "G" del logo pareciera una referencia a Dios (*God*). Cortó el logo de Safeway en dos palabras y lo convirtió en un letrero que indicaba el camino a la liberación. Encontrar a Dios en todas las cosas es uno de los cometidos del creyente y Kent encontró a Dios —quién lo pensaría— en la publicidad. Kent tomó el paisaje artificial de Los Ángeles —no necesariamente el primer lugar en el que uno buscaría la belleza— y encontró belleza en él.

Kent decía que ella transformaba lo común en lo "no común" (pensaba que las palabras "no común" era un mejor término que el término "arte"). "Yo no lo concibo como arte", decía, "yo sólo hago que las cosas que me gustan sean más grandes". Tenía una manera particular de ver el mundo ordinario y les enseñó a sus estudiantes esa manera de ver. En una de las tareas que les dejó, les pidió a sus alumnos que crearan algo que llamó "un buscador" —una pieza de papel con un rectángulo recortado para simular el visor de una cámara—. Llevaba a sus estudiantes a viajes en el campo y les enseñaba a cosechar el mundo para "ver por el puro afán de ver" y que descubrieran todas las cosas que nunca se habían detenido a observar.

Los grandes artistas tienen la capacidad de encontrar magia en lo mundano. Muchos de mis artistas favoritos han hecho obras de arte extraordinarias a partir de circunstancias y materiales ordinarios. Harvey Pekar pasó la mayor parte de su vida laboral trabajando como auxiliar de archivo en el hospital VA de la ciudad de Cleveland, recaudando historias y registrándolas con dibujos de palitos que eventualmente se convirtieron en los comics de su obra maestra, *Esplendor americano*. Emily Dickinson se encerraba en su habitación y escribía sus imperecederos poemas en el reverso de restos de sobres viejos. La artista de arte dadá Hannah Höch hacía collages con los patrones de costura de su trabajo. Sally Mann tomaba fotos hermosas de sus tres hijos jugando en su granja en Virginia. (Su amigo, el pintor Cy Twombly, solía sentarse afuera del Walmart en Lexington a observar a la gente pasar, para inspirarse.)

Es fácil pensar que si sólo pudieras cambiar tu vida ordinaria por una nueva, todos tus problemas creativos se resolverían. ¡Si sólo pudieras renunciar a tu trabajo, mudarte a una ciudad de moda, rentar un estudio increíble y caer en manos del perfecto grupo de brillantes inadaptados sociales, allí sí lo lograrías!

Todo esto es, por supuesto, una mera ilusión. No necesitas tener una vida extraordinaria para que tu trabajo creativo sea extraordinario. Todo lo que necesitas para hacer obras de arte extraordinarias lo puedes encontrar en tu vida cotidiana.

René Magritte decía que la meta de su arte era "infundir una vida nueva a la manera en que vemos las cosas ordinarias a nuestro alrededor". Esto es exactamente lo que hace un artista: al ponerle atención particular a su propio mundo, nos enseña a ponerle más atención al nuestro. El primer paso para poder transformar tu vida en una obra de arte es empezar a ponerle más atención a la vida misma.

con los telescopios

se puede ver

la luz
del universo

utilizando un truco
llamado "lente";

es

nuestra

tarea saber a dónde voltear

"Siempre ha sido mi filosofía
tratar de hacer arte con lo ordinario
de cada día... nunca se me ha ocurrido
tener que salir de casa
para crear arte".

–*Sally Mann*

REDUCE LA VELOCIDAD Y PROLONGA LAS COSAS.

"Reduzcamos la velocidad, no en ritmo o en verbosidad, sino en nervios".

–John Steinbeck

Es imposible ponerle la atención necesaria a tu vida si siempre vas como un rayo a la velocidad de la luz. Cuando tu tarea es ver cosas que los demás no ven, tienes que desacelerar lo suficiente para realmente poder *ver*.

En una edad de obsesión con la velocidad, desacelerar requiere de un entrenamiento especial. Después de que el crítico de arte Peter Clothier descubrió la meditación, se dio cuenta de lo poco *que realmente observaba* el arte: "¡Me sorprendía a mí mismo muchas veces pasando más tiempo en un museo viendo la ficha curatorial que la pintura que supuestamente debería estar contemplando!". Inspirado por el movimiento de *Slow Food* (cocina lenta), inició unas sesiones en galerías y museos que llamó "Una hora/Una pintura", en las que invitaba a participantes a mirar una sola obra de arte durante una hora entera. "Observar lentamente" tuvo mucho éxito y ahora varios museos alrededor del país llevan a cabo eventos de "lenta observación". La ética está articulada en el sitio web Día de arte lento (*Slow Art Day*): "Cuando la gente observa lentamente... descubre cosas".

Observar lentamente es genial, pero yo siempre tengo que estar haciendo algo con mis manos, así que dibujar es mi herramienta favorita para obligarme a bajar la velocidad y realmente observar la vida. Los humanos han dibujado por miles de años —es una práctica antigua que puede hacerse con útiles baratos y muy accesibles para cualquiera—. No necesitas ser un artista para dibujar. Sólo necesitas un ojo o dos.

"Dibujar es simplemente otra manera de ver que no practicamos realmente cuando somos adultos", dice el caricaturista Chris Ware. Estamos todos girando en una "nube de recuerdos y ansiedad", dice, y el acto de dibujar nos ayuda a vivir en el momento y a concentrarnos en lo que realmente está frente a nosotros.

Dibujar es verdaderamente un ejercicio para ver mejor; se puede ser muy mal dibujante, pero de todas maneras se aprende mucho con esa práctica. En una publicación en un blog sobre haber adoptado el hábito de dibujar en su edad adulta, el crítico de cine Roger Ebert escribió: "Al sentarme en algún lugar y hacer un dibujo de algo, me vi obligado a observar realmente esa cosa con detalle". Dijo que sus dibujos eran una forma de experimentar un lugar o un momento de manera más profunda.

Dibujar no sólo te ayuda a observar mejor, te hace sentirte mejor. "Un artista con un cuaderno de dibujo siempre se ve como una persona feliz", observaba Ebert. "Es sublime", decía el autor Maurice Sendak. "Es un tiempo mágico, en el que todas las debilidades de tu carácter, las imperfecciones de tu personalidad, lo que sea que te atormente, se disuelve. Simplemente deja de tener importancia".

La cámara del celular es una herramienta perfecta para capturar cosas cuando estás fuera, pero dibujar nos sigue brindando algo único. En los años sesenta, el fotógrafo Henry Cartier-Bresson, legendario por capturar la vida en un rollo de fotos o lo que él llamaba "el momento decisivo", un día volvió a su primer amor: el dibujo. Escribió sobre las diferencias entre sus dos amores en su libro, *La mente del ojo*: "La fotografía es una reacción inmediata, el dibujo es una meditación". En 2018, el Museo Británico comenzó a ofrecerles papel y lápiz a sus visitantes después de que notaron que más y más personas estaban interesadas en dibujar el arte expuesto en las salas. Uno de los curadores notó: "siento que uno permanece más en un objeto si tiene un papel y un lápiz enfrente".

Para bajar la velocidad y empezar a poner atención a tu mundo toma un lápiz y una hoja de papel y ponte a dibujar lo que ves. (La mejor cualidad de un lápiz es que no tiene forma de interrumpirte con mensajes de texto y mandarte notificaciones.) Quizás esto te ayude a descubrir la belleza que no has percibido.

"Si dibujas", decía el caricaturista E. O. Plauen, "el mundo se vuelve más hermoso, mucho más hermoso".

MIRA HACIA ARRIBA.

"Dibujar es la disciplina por la que yo constantemente redescubro el mundo. He aprendido que lo que no he dibujado no lo he visto realmente y que cuando comienzo a dibujar algo ordinario me doy cuenta de lo extraordinario que es, un auténtico milagro".

–Frederick Franck

PON ATENCIÓN A LO QUE LE PONES ATENCIÓN.

"Para cualquiera tratando de discernir
qué hacer con su vida:
**PON ATENCIÓN A
LO QUE PONES ATENCIÓN.**
Eso es básicamente
toda la información que necesitas".

–Amy Krouse Rosenthal

Tu atención es una de las cosas más valiosas que posees, por lo que todo el mundo quiere robártela. Primero que nada la debes proteger y luego la debes dirigir a la dirección correcta.

Como dicen en las películas, "¡Cuidado hacia dónde apuntas eso!".

Tu vida y tu trabajo van a estar hechos de las cosas a las que escojas ponerle atención. "Mi experiencia está en aquello en lo que decido ocuparme", escribió el psicólogo William James en 1890. "Sólo esas cosas que *noto* moldean mi mente".

Le ponemos atención a las cosas que realmente nos importan, pero a veces lo que realmente nos importa está oculto. Yo llevo un diario por muchas razones, pero la razón principal es que me ayuda a ponerle atención a mi vida.

Al sentarme cada mañana y escribir sobre mi vida le pongo atención y, con el tiempo, llevo un registro de aquello a lo que le he puesto atención. Muchas personas que llevan un diario no se molestan por releerlo, pero yo he encontrado que releer duplica el poder de un diario porque entonces puedo descubrir mis propios patrones, identificar lo que realmente me importa y conocerme mejor.

"Poner atención, éste es nuestro verdadero e interminable trabajo".

–Mary Oliver

Si el arte comienza con dónde dirigimos nuestra atención, una vida se construye con ponerle atención a lo que le ponemos atención. Determina un tiempo específico para ponerle atención a lo que le pones atención. Relee tu diario. Vuelve a hojear tu cuaderno de dibujos o de apuntes. (La caricaturista Kate Beaton una vez dijo que escribió un libro sobre dibujar que llamó *Ponle atención a tus dibujos*.)

Una persona dijo:

Esto no está perdido

es

quien

yo

quiero ser

Revisa las fotos en la cámara de tu celular. Vuelve a ver videos que hayas tomado. Escucha música que hayas grabado. (El músico Arthur Russel solía dar largos paseos alrededor de Manhattan escuchando sus propios casetes en su walkman.) Cuando tienes un sistema para regresar a ver tu trabajo puedes ver mucho mejor el panorama completo de lo que has estado haciendo y lo que deberías hacer a partir de ahora.

Si quieres cambiar tu vida cambia aquello en lo que pones tu atención. "Le damos sentido a las cosas por poner nuestra atención en ellas", escribe Tessa Crispin, "así es que mover tu atención de una cosa a otra puede cambiar tu futuro por completo".

"La atención es la forma más básica de amor", escribió John Tarrant. Cuando le pones atención a tu vida, no sólo te provee con el material para tu arte, también te ayuda a enamorarte de tu vida.

"Dime en qué pones tu atención
y te diré quién eres".

–José Ortega y Gassett

⑥ MATA A

DEL

LOS MONSTRUOS

ARTE.

EL ARTE ES <u>PARA</u> LA VIDA (NO AL REVÉS).

"No importa cuán gloriosa
sea la historia del arte,
la historia de los artistas
es una cosa
completamente distinta".

–Ben Shahn

Mi nominación para una de las frases más tontas que se han dicho sobre el arte es para el comentarista de *60 Minutes* Andy Rooney, quien dijo sobre Kurt Cobain, el vocalista de Nirvana, después de su suicidio: "Incluso el arte que no es de nadie es mejor que la persona que lo crea".

Échate un clavado veloz a cualquiera de los miles de años de la historia del arte y encontrarás que no, de hecho muchísimo buen arte ha sido creado por estúpidos, gente asquerosa, abusadores, vampiros, pervertidos y peor, por todos aquellos que dejaron una estela de víctimas detrás de ellos. Para robarle un término al *Departamento de especulación* de Jenny Offill, estas personas son lo que llamamos "Monstruos del arte".

Puede ser duro y sumamente doloroso pelearnos con la idea de que personas que llevan una vida censurable puedan también ser capaces de producir arte que es hermoso, conmovedor o útil para nosotros. Es parte de nuestro trabajo saber cómo manejamos y procesamos esa información y cómo decidimos proceder con eso.

Ahora, todos tenemos nuestro pequeño monstruo artístico dentro.

Todos somos complicados. Todos tenemos defectos. Todos somos un poco raros, hasta cierto grado. Si no creyéramos que en el arte podemos ser un poco mejores de lo que somos en nuestra vida común, entonces, realmente, ¿cuál sería el sentido de hacer arte?

Lo que es alentador por lo pronto, creo yo, es que nuestra cultura está llegando a enjuiciar a los monstruos del arte. El terrible mito de que ser un padre ausente, un tramposo, un abusador, un adicto, es de alguna manera un requisito o quizá una excusa para haber logrado la maravillosa obra de arte que creamos, está siendo poco a poco desmantelado. Creo que ya quedaron muy atrás los tiempos en que uno recibía un pase gratis para salir de la cárcel sólo por haber creado una buena pieza de arte, sin importar que uno hubiera tenido monstruosos comportamientos como ser humano. Y qué bueno que los tiempos hayan cambiado. Los monstruos del arte no son ni necesarios ni atractivos y no deben ser justificados, perdonados o imitados.

Posibilidades

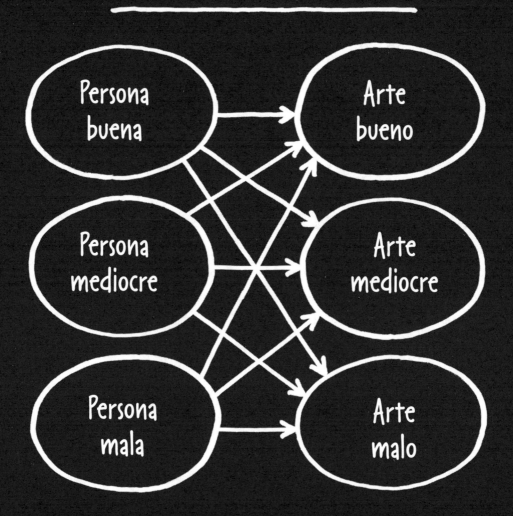

Los grandes artistas ayudan a las personas a observar sus vidas con ojos frescos y un sentido de posibilidad. "El propósito de ser un escritor serio es evitar que la gente pierda la esperanza", escribe Sarah Manguso. "Si la gente lee tu libro y después de eso escoge vivir, entonces estás haciendo bien tu trabajo".

Muy fácil: el arte existe para mejorar nuestras vidas.

Esto es cierto tanto para el acto de crear como para la obra misma. Si hacer tu arte le está arruinando la vida a alguien, incluido a ti mismo, no vale la pena hacerlo.

"Para las personas que sufren, siempre va a ser tentador creer que se les va a solucionar la vida volviéndose artistas, cuando en realidad eso se puede volver más bien el problema", decía el escritor y psicólogo Adam Phillips. "Hay bastante gente que uno diría que son víctimas del mito del arte. Realmente deberían haber hecho algo distinto".

Puede que no estés destinado a ser un artista. "Tal vez estás destinado a ser maestro de matemáticas para niños, o recaudar fondos para un banco de alimentos, o empezar una compañía que haga cubos Rubik para bebés", escribe el comediante Mike Birbiglia. "No descartes la posibilidad de renunciar al arte. Va a haber una cantidad inmensurable de trabajo que hacer, y quizá invertirías mejor tu tiempo en otro lugar".

Si hacer arte implica añadirle miseria pura al mundo, vete y haz algo más. Encuentra algo que hacer con tu tiempo, algo que les haga a ti y a las personas a tu alrededor sentirse más vivos.

El mundo no necesariamente necesita más grandes artistas. Necesita más seres humanos decentes.

El arte es *para* la vida, no al revés.

> "Estoy a favor de un arte que le ayude a las viejitas a cruzar la calle".
>
> –Claes Oldenburg

(7) TIENES

PARA

DE

PERMISO CAMBIAR OPINIÓN.

"La forma de poner a prueba
una inteligencia de excelencia
es detectar si hay habilidad de sostener
dos ideas contradictorias en la mente
al mismo tiempo y además ser funcional.
Uno debería, por ejemplo, ser capaz
de ver que las cosas son caso perdido
y de todas maneras
estar decidido a cambiarlas".

–F. Scott Fitzgerald

CAMBIAR ES ESTAR VIVO.

Estaba leyendo un artículo de periódico sobre el cambio climático y un antiguo escéptico dijo: "Si nunca cambias de opinión con respecto a algo, pellízcate, porque puede que estés muerto".

¿Cuándo fue la última vez que cambiaste de opinión sobre algo? Nos da miedo hacerlo porque nos dan miedo las consecuencias que conlleva cambiar de opinión. ¿Qué va a pensar la gente?

En este país, uno supuestamente tiene que tener sus ideas, apegarse a ellas y defenderlas como a su propia vida. Por ejemplo, piensa en la política. Si un político cambia de opinión públicamente es una señal de debilidad, una señal de fracaso. Y no vayas a cambiar de opinión demasiadas veces, Dios nos libre, porque entonces serás demasiado "medias tintas".

Las redes sociales nos han convertido a todos en políticos. Y en marcas. Se supone que todo el mundo ahora debe ser una marca, y lo peor en la vida ya es no-tener-marca.

Pero tener marca significa estar 100% seguro de quién eres y qué haces, y la certidumbre, tanto en el arte como en la vida, no sólo está completamente sobrevalorada, también es un obstáculo para el descubrimiento.

La incertidumbre es aquello mismo en donde prospera el arte. El escritor Donald Barthelme decía que el estado natural del artista es el de "no saber". John Cage decía que cuando no estaba trabajando pensaba que sabía cosas, pero cuando estaba trabajando, era clarísimo que no sabía nada. "Éste ha sido mi trabajo, de alguna manera", decía el guionista Charlie Kaufman, "me siento en mi escritorio a escribir y no sé qué hacer".

"Estoy haciendo exploraciones.
No sé a dónde me van a llevar".

–Marshal McLuhan

Pensé

que estaba equivocado

en

todo

Estaba equivocado sobre eso, también.

La oración Dunning-Kruger

Déjame ser suficientemente
listo para saber lo tonto que soy
y dame el valor para
seguir adelante a pesar de ello.

*El efecto Dunning-Kruger es un fenómeno psicológico resumido
por el cómico John Cleese: "Los tontos no saben lo tontos que son".

Empiezas cada pieza sin saber exactamente a dónde te va a llevar o en dónde vas a terminar. "El arte es la mayor expresión de la esperanza", decía el pintor Gerhard Richter. Pero la esperanza no es saber cómo van a salir las cosas, es caminar de cara a la incertidumbre. Es una manera de lidiar con ella. "La esperanza es abrazar lo desconocido y lo incognoscible", escribe Rebecca Solnit. Para tener esperanza, debes darte cuenta de que no lo sabes todo y de que no sabes qué va a pasar. Esa es la única manera de seguir adelante y la única manera de seguir haciendo arte: estar abierto a posibilidades y permitirte cambiar.

Claro, para cambiar de opinión necesitas pensar las cosas muy bien. Pensar requiere un ambiente en el que puedas probar todo tipo de ideas y no ser juzgado por ello. Para cambiar de opinión, necesitas un buen lugar para tener malas ideas.

El internet, desafortunadamente, ya no es un lugar seguro para llevar a cabo cualquier tipo de pensamiento experimental, particularmente para alguien que tiene un público o cualquier tipo de "marca". (¡Qué horrible palabra! Como si fuéramos todos ganado y tuviéramos la marca de nuestro dueño tatuada en la piel.)

No, si vas a cambiar de opinión, posiblemente tendrás que salirte de la "marca" y el lugar para estar libre de marca es fuera del internet. Tu base de alegría, tu estudio, un diario, una plática privada en un cuarto, una sala llena de gente que quieres y en quien confías: estos son los lugares en los que realmente puedes pensar.

MENTES SIMILARES VS. CORAZONES SIMILARES.

> "El mundo necesita que estés en la fiesta y empieces conversaciones reales diciendo 'no sé' y siendo amable".
>
> –Charlie Kaufman

No voy a discutir con extraños en internet.
No voy a discutir con extraños en internet.
No voy a discutir con extraños en internet.
No voy a discutir con extraños en internet.
No voy a discutir con extraños en internet.
No voy a discutir con extraños en internet.
No voy a discutir con extraños en internet.
No voy a discutir con extraños en internet.
No voy a discutir con extraños en internet.
No voy a discutir con extraños en internet.
No voy a discutir con extraños en internet.
No voy a discutir con extraños en internet.
No voy a discutir con extraños en internet.

"¡Piensa por ti mismo!", dice el cliché. Pero la verdad es que: no podemos. Necesitamos a otros para que nos ayuden a pensar.

"Pensar independientemente de los demás seres humanos es imposible", escribe Alan Jacobs en su libro *Cómo pensar*. "Pensar es obligatoriamente, absolutamente y maravillosamente algo social. Todo lo que pienses es una respuesta a lo que alguien más ha pensado y dicho ya".

El problema es que nos estamos volviendo más y más una cultura que está agrupándose en comunidades y redes que piensan de manera afín. Fuera de internet, esto se refleja en dónde vive la gente, ya sea por decisión propia o por necesidad. En línea, esto se manifiesta en los sitios web que visita la gente, a quién decidimos seguir y cómo los algoritmos de las redes en línea están finamente programados para mostrarnos lo que creen que queremos ver.

Interactuar con gente que no comparte nuestro punto de vista nos obliga a volver a pensar nuestras ideas, a fortalecerlas o a intercambiarlas por otras mejores. Si únicamente interactúas con gente que piensa igual que tú, cada vez tendrás menos y menos oportunidades de cambiar. Todo mundo conoce esa sensación de cuando estás pasando tiempo con gente a quien le gusta el mismo arte que a ti, que escucha el mismo tipo de música que tú y que ve las mismas películas que tú: es muy cómodo al principio, pero luego también se puede volver increíblemente aburrido e incluso sofocante.

Jacobs recomienda que si uno realmente quiere explorar nuevas ideas debe considerar pasar tiempo con personas que no piensan igual ni que sienten como uno. Aquellas personas que sí estén "temperamentalmente dispuestas a estar abiertas y a tener el hábito de la escucha". Personas que sean generosas, amables, cariñosas y consideradas. Personas que cuando digas algo "piensen al respecto, y no que sólo reaccionen". Personas junto a las cuales te sientas bien.

Un lector una vez me mandó una nota diciendo que aunque no compartía mis ideas políticas sentía que realmente podía escuchar lo que yo tenía que decir, más que cancelar lo que no quería oír. Dijo que sospechaba que tenía que ver con el espíritu creativo, con esa conexión que sientes con alguien más cuando ves que está poniendo lo mejor de sí para traer cosas nuevas y hermosas al mundo.

Haz lo mejor de ti para buscar personas que sientan igual que tú y con quienes sientas esa conexión

VISITA
EL PASADO.

"Cada época tiene su propia perspectiva:
es particularmente buena en descifrar
algunas verdades y particularmente propensa
a cometer algunos errores. Todos, por ende,
necesitamos leer los libros que corrijan los errores
característicos de nuestra época. Y esto significa leer
los viejos libros... No cabe duda que los libros del futuro
serían igual de buenos y correctos que los libros
del pasado, pero desafortunadamente
no tenemos acceso a ellos".

–C. S. Lewis

Como casi todas las personas vivas están obsesionadas con las novedades, todos piensan en las mismas cosas. Si tienes dificultad en encontrar gente con quién pensar, busca a los muertos. Tienen mucho que decir y son excelentes escuchas.

Lee libros viejos. Los humanos han estado en el planeta por muchísimo tiempo y si tienes algún problema es muy probable que algún otro ser humano que haya vivido cientos o incluso miles de años antes que tú ya haya escrito algo al respecto. El estadista romano y filósofo Séneca decía que si lees libros viejos logras sumarle a tu propia vida todos los años que el autor vivió. "No estamos exentos de ninguna época, pero tenemos acceso a todas", decía. "¿Por qué no renunciar a este brevísimo y transitorio hechizo del tiempo y entregarnos completamente al pasado, que es ilimitado y eterno y que puede ser compartido con mejores hombres que nosotros?" (¡Escribió eso hace casi dos mil años!)

SI NO PUEDES INVENTAR TU PROPIA IDEA:

① IDENTIFICA UNA IDEA POPULAR QUE DESPRECIES Y QUE TE GUSTARÍA DESTRUIR.

② ENCUENTRA UNA VIEJA IDEA OPUESTA QUE TODO EL MUNDO HAYA OLVIDADO Y RESUCÍTALA.

Es increíble pensar lo poco que cambia la vida humana. Cuando leo el *Tao Te Ching* de Lao Tzu me maravilla ver cómo cada antiguo poema es básicamente un comentario sobre a dónde van nuestros políticos de hoy en día. Un pequeño clavado a los diarios de Henry David Thoreau nos da un retrato de un hombre que amaba a las plantas y que había sido sobre-educado, que estaba desaprovechado en el empleo que tenía, alguien decepcionado de la política y que vivía con sus padres —¡suena exactamente como uno de mis hijos millennials!

Tenemos una memoria sumamente corta. No nos tenemos que ir demasiado lejos en el pasado para descubrir cosas de las que ya nos hemos olvidado. Toparse con un libro que sólo fue escrito hace un cuarto de siglo puede ser como desenterrar el baúl de un tesoro.

Si quieres una manera rápida de escapar del ruido de la vida contemporánea, sal de la burbuja de personas que piensan igual que tú y ponte a pensar realmente. Visita el pasado brevemente, es interminable: cada día generamos más y más pasado.

(8) EN CASO

PON

DE DUDA,

ORDEN.

MANTÉN TUS HERRAMIENTAS ORDENADAS Y TUS MATERIALES TIRADOS.

"El desorden del escritorio, del piso, las notitas de Post-it en todas partes, los pizarrones blancos cubiertos de garabatos: todo esto es la manifestación exterior de lo desordenado que es el pensamiento humano".

–Ellen Ullman

Éste es un mal tiempo para ser coleccionista. La propaganda en contra del desorden y la manía por ordenar ha sido alborotada por series de televisión como *Hoarders (Acumuladores)* y *Storage Wars (La guerra del almacenamiento)* y miles de blogs que convierten los estudios limpios y los espacios de trabajo perfectos en un fetiche con "cosas debidamente organizadas", culminando en el gigantesco bestseller de Marie Kondo *La magia del orden*. Mientras los tips de Kondo pueden ser maravillosos para tu cajón de calcetines o tu despensa, tengo serias dudas sobre qué tan útil resultan estos consejos para los artistas.

Mi estudio, como mi mente, siempre está un poquito tirado. Libros y periódicos están apilados en todas partes, fotos arrancadas y pegadas en la pared, hay retazos en el suelo. Pero no es un error que mi estudio sea un tiradero. Me encanta mi tiradero. *Nutro mi tiradero intencionalmente.*

La creatividad refiere a las conexiones y las conexiones no se pueden hacer si todo está guardado en su propio sitio. Las nuevas ideas se forman al hacer yuxtaposiciones interesantes y las yuxtaposiciones suceden cuando las cosas están fuera de lugar.

Podrías pensar que porque tu estudio está arregladito entonces vas a ser más eficiente, que producirás más. Tal vez eso te ayude en la etapa de ejecución de tu trabajo si eres, digamos, un artista de litografías tratando de sacar más impresiones. Pero no te va a ayudar a sacar un diseño interesante para la próxima impresión. Siempre es un error igualar productividad y creatividad. No son lo mismo. De hecho, muchas veces se contraponen una con otra: muchas veces eres más creativo cuando eres menos productivo.

Hay, por supuesto, algo llamado "demasiado tiradero". Es difícil trabajar si no encuentras las cosas que necesitas cuando las necesitas. Los chefs franceses practican algo llamado "puesta en su lugar" *(Mise en place)*, que significa "acomodar". Se refiere a planear y a preparar: asegurarte de que tienes todos los ingredientes y utensilios que necesitas antes de empezar a trabajar. *Mise en place* es la religión de todos los buenos chefs, escribió Anthony Bourdain en *Cocina confidencial.* "Tu puesto de trabajo y su estado, su buena disposición, son una extensión de tu sistema nervioso".

Esa es la palabra clave que le podemos robar a los chefs: *buena disposición.* La mayoría de nosotros no es dueño de una cafetería exitosa ni tiene inspectores de salud que vengan a revisar nuestro lugar de trabajo. No tenemos que preocuparnos por mantener nuestros espacios perfectamente limpios y ordenados. Sólo tenemos que tenerlos listos para cuando queramos trabajar. El caricaturista Kevin Huizenga tiene razón al decir que tener tu estudio organizado no significa que tiene que verse organizado. "Si tener papeles tirados en el suelo es lo que te permite trabajar bien ahorita, porque necesitas consultarlos constantemente, entonces debes dejarlos allí".

En un lugar de trabajo debe haber un equilibrio entre el caos y el orden. Mi amigo John T. Unger tiene la regla perfecta: mantén tus herramientas ordenadas y tus materiales tirados. "Mantén tus herramientas muy organizadas para que las puedas encontrar", dice. "Deja que los materiales se polinicen desordenadamente. Algunas de las obras de arte que hice fueron casualidad total, un par de cosas se juntaron en un montón y de pronto la pieza ya estaba casi terminada. Pero si no tienes a la mano justo la herramienta que necesitas, puedes perder un día entero (o tu entusiasmo y tu inspiración) buscándola".

Rodéate del tiradero de las cosas que amas.

ORDENAR ES EXPLORAR.

"Nunca puedo encontrar lo que quiero,
pero la ventaja es
que siempre encuentro algo más".

–Irvine Welsh

Mantengo una de las "estrategias oblicuas" de Brian Eno y de Peter Schmidt en un letrero en letras grandes sobre mi escritorio:

EN CASO DE DUDA, PON ORDEN.

Nota cómo dice "en caso de duda" y no "siempre". Poner orden es para cuando estoy estancado o atorado. Arreglar un estudio no es —discúlpeme, Srita. Kondo— un cambio de vida o algo mágico. Es sólo una forma de aplazamiento de la productividad (evitar trabajar haciendo otro tipo de trabajo).

Lo mejor de ordenar es que mantiene mis manos ocupadas y relaja mi mente para que: a) destrabe o resuelva un problema en mi cabeza, o b) me tope con algo en el tiradero que me lleve a hacer una obra nueva. Por ejemplo, empezaría ordenando y terminaría desenterrando un viejo poema que se hubiera quedado bajo miles de papeles, o un dibujo que no estaba terminado que se hubiera volado en la cochera por el aire acondicionado.

El mejor tipo de orden que puedes poner en tu estudio es el que se hace "explorando". Redescubro cosas mientras encuentro una salida dentro del tiradero. La razón por la que pongo orden no es realmente para limpiar sino para reencontrarme con cosas que había olvidado y que ahora podría usar.

Ésta es una forma lenta, soñadora y pensativa de poner orden. Cuando me topo con un libro que había perdido hace mucho tiempo, por ejemplo, lo hojeo y veo si tiene algo que decirme. A veces pedazos de viejos apuntes se caen del libro como mensajes secretos enviados por el universo.

Muchas veces dejo de ordenar porque me distraigo y me quedo leyendo. Esto es exactamente lo opuesto a lo que Marie Kondo prescribe. "Cuando revises los libros que tienes", dice, "asegúrate de no ponerte a leerlos. Leerlos nubla tu criterio". ¡Dios nos libre!

Ponerse a alzar con la esperanza de conseguir el orden perfecto es algo demasiado estresante. Pero ordenar sin preocuparte demasiado sobre el resultado puede ser una forma ligera de jugar.

En caso de duda, pon orden.

DORMIR LIMPIA EL CEREBRO.

"Las siestas son esenciales para mi proceso. No los sueños, sino el estado adyacente al sueño, la mente al despertar".

–William Gibson

tomar siestas es considerado una táctica, en mi fábrica

Los científicos y los filósofos han reflexionado mucho sobre el sueño y para qué sirve. Poco a poco se están dando cuenta de algo que los artistas hemos sabido todo el tiempo: dormir es una herramienta excelente para ordenar tu cerebro. Cuando duermes, tu cuerpo literalmente drena la basura de tu mente. Los neurocientíficos han explicado que el fluido cerebro-espinal empieza a fluir más rápido cuando duermes, limpiando las toxinas y las malas proteínas que se hayan acumulado en tus células cerebrales.

Las siestas son el arma secreta de muchos artistas. "Es básicamente gracias a que tomamos siestas", dice el director de cine Ethan Coen con respecto a su proceso creativo y al de su hermano Joel. Considero que las siestas son una forma más de poner orden mágicamente que parece no ser productiva pero que muchas veces te lleva a tener nuevas ideas.

No todas las siestas son creadas de la misma manera. Hay muchas maneras de tomar una siesta. A Salvador Dalí le gustaba tomar siestas mientras sostenía una cuchara. Cuando empezaba a cabecear, tiraba la cuchara y se despertaba, pero seguía en el estado de sueño que necesitaba para hacer sus pinturas surrealistas. El escritor Philip Roth decía que aprendió su técnica de tomar siestas de su padre: quítate la ropa y tápate con una cobija y vas a dormir mucho mejor. "La mejor parte es que cuando te despiertas, los primeros 15 segundos no tienes ni idea de en dónde estás", decía Roth. "Sólo estás vivo. Es todo lo que sabes. Y eso es dicha, la dicha absoluta".

A mí me gusta la "siesta de cafeína": tomarme una taza de café o de té, acostarme 15 minutos y regresar a trabajar cuando la cafeína haya empezado a hacer efecto.

"**Qué pena que uno no pueda escribir en el techo con un solo dedo de la mano o del pie mientras duerme**".

–*Denton Welch*

"Ésta es la edad del divorcio.
Las cosas que pertenecían entre sí
han sido separadas. Y no las puedes juntar de nuevo.
Lo que puedes hacer es lo único que se puede hacer:
tomar dos cosas que deberían
estar juntas y juntarlas".

–*Wendell Berry*

DEJA LAS COSAS MEJOR QUE COMO LAS ENCONTRASTE.

La mejor manera de ordenar mágicamente es haciéndolo fuera de tu estudio o de tu lugar de trabajo: ordenar el resto de tu mundo.

El escritor David Sedaris es un organizador innato. Cuenta historias de cuando era niño y aspiraba y limpiaba el tiradero de sus hermanos. Cuando vendió su primer libro estaba limpiando casas en Manhattan. Ahora es un rico autor de bestsellers y vive en un pueblo al oeste de Londres. ¿Sabes cómo pasa la mayor parte de su día? Recogiendo basura en la calle.

Exactamente: uno de nuestros autores vivos más conocidos estima pasar entre tres y ocho horas al día haciendo servicio para el ministerio de la basura. Sedaris ha levantado tanta basura que los habitantes de su zona literalmente nombraron al camión de la basura con su nombre: "Sedaris el cerdito". Sus vecinos lo conocen como "El pequeño recolector". Cuando la revista *Times* del condado de West Sussex escribió un artículo sobre él, ni siquiera mencionaron que era escritor.

Lo que es gracioso es que la recolección de basura de Sedaris cuadra perfecto con su trabajo como escritor. Sedaris, como muchos artistas, es pepenador. Recolecta los deshechos del caos de la vida —pedazos de diálogos y experiencias pasadas por alto— y los recicla en sus ensayos. (Su colección de diarios se llama, muy adecuadamente, *Descubrimientos por robo*). Algunos de sus diarios, que imprime y encuaderna en cada estación del año, contienen pedazos de basura que se encuentra en sus paseos.

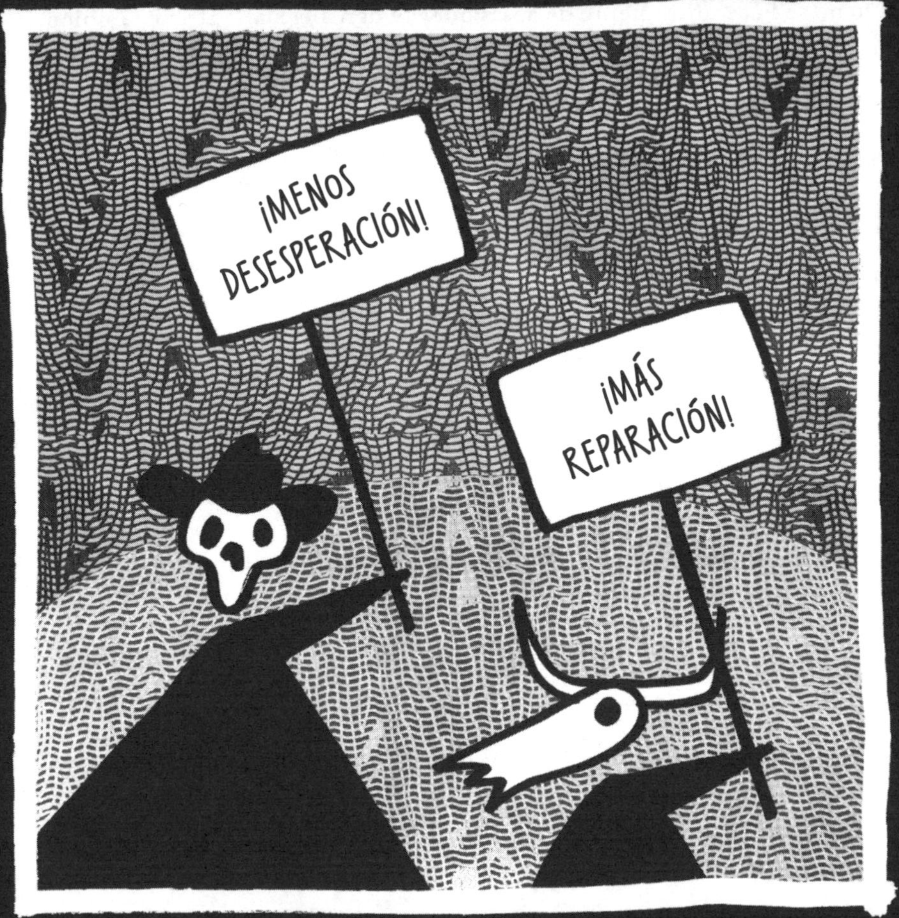
¡MENOS DESESPERACIÓN!
¡MÁS REPARACIÓN!

El arte no se hace únicamente de cosas que "te dan alegría". El arte también está hecho de cosas feas que nos provocan repulsión. Parte del trabajo del artista es ayudar a limpiar el lugar, crear orden a partir del caos, convertir la basura en un tesoro, mostrarnos la belleza en donde no podemos verla.

Yo siento que es muy educativo, a veces, pensar en algunos de los slogans que usamos para el trabajo creativo.

DEJA TU MARCA.

IMPACTA EL UNIVERSO.

MUÉVETE RÁPIDO Y ROMPE COSAS.

Estos slogans presuponen que el mundo tiene la necesidad de marcar o impactar o romper algo y que el propósito cósmico de los seres humanos es el *vandalismo*.

Las cosas en el mundo ya son un desastre. Ya impactamos el mundo lo sufi-ciente. Lo que necesitamos son menos vándalos y más equipos de limpieza. Necesitamos arte que ordene. Arte que remiende. Arte que repare.

Encontremos mejores slogans. Tal vez podríamos echar un ojo en el mundo de la medicina:

PRIMERO, NO HAGAS DAÑO.

O quizá podríamos mejorar un poco el lenguaje que se ve en los letreros de los parques:

DEJA LAS COSAS MEJOR QUE COMO LAS ENCONTRASTE.

Éste sería un comienzo.

(9) LOS DE

ODIAN

AIRE

MONIOS EL FRESCO.

"Me fui caminando hasta
mis mejores pensamientos".

–Søren Kierkegaard

EJERCITAR ES EXORCISAR.

Casi cada mañana, llueva, truene o relampaguee, mi esposa y yo subimos a nuestros dos hijos a una carriola roja y damos un paseo de cinco kilómetros alrededor de nuestra colonia. Muchas veces es doloroso, otras es sublime, pero es absolutamente esencial para nuestro día. Charlamos. Hacemos planes. Nos quejamos de la política. Nos detenemos a platicar con los vecinos o admiramos la naturaleza de los suburbios.

Nuestro paseo matutino es donde nuestras ideas nacen y donde nuestros libros se editan. Es tan crucial que hagamos nuestro paseo diario que ya hasta nos apropiamos de un lema no oficial del Servicio Postal de los Estados Unidos: "Ni nieve, ni lluvia, ni calor, ni penumbra... impiden que estos

mensajeros completen sus rondas asignadas". Cuando nos topamos con algún vecino, la conversación muy seguido empieza con "¿Ustedes son la pareja de la gran carriola roja?".

Caminar es realmente una cura mágica para personas que quieren pensar con claridad. *Solvitur ambulando*, decía Diógenes el cínico hace dos mil años: "se resuelve caminando".

La lista de los artistas, poetas y científicos famosos que salían a dar paseos, caminatas y que vagaban por la ciudad y el campo, es prácticamente interminable. Wallance Stevens escribía poemas en sus caminatas de ida y vuelta de la agencia de seguros en donde trabajaba. Friedrich Nietzsche escribió muchos libros mientras caminaba alrededor de lagos. "Si no pudiera caminar lejos y rápido", escribió Charles Dickens sobre sus maratones de 42 kilómetros alrededor de Londres, "simplemente explotaría y desfallecería". Tanto Ludwig van Beethoven como Bob Dylan fueron detenidos por la policía mientras caminaban en los suburbios —Beethoven en la Viena del siglo xix, Dylan en el Nueva Jersey del siglo xxi. Henry David Thoreau, quien solía pasar cuatro horas al día caminando alrededor de los bosques fuera de Concordia, escribió: "Yo creo que el momento en que mis piernas empiezan a moverse, mis pensamientos empiezan a fluir".

"Me propuse disipar la depresión diaria.
Cada tarde mis ánimos bajan,
pero un día descubrí la caminata...
Me asigné un destino
y ahora las cosas suceden
en la calle".

–Vivian Gornick

Caminar es bueno para la salud física, espiritual y mental. "No importa a qué hora te levantes, sal a dar un paseo", le dijo el director Ingmar Bergman a su hija Linn Ullmann. "Los demonios odian que te levantes. Los demonios odian el aire fresco".

Lo que he aprendido en nuestros paseos matutinos es que sí, caminar es muy bueno para soltar demonios interiores pero incluso, más importante, caminar es bueno para combatir nuestros demonios exteriores.

Las personas que nos quieren controlar con miedo y desinformación —las corporaciones, los mercadólogos, los políticos— quieren que nos quedemos conectados a nuestros teléfonos o que estemos viendo la televisión, porque así nos pueden vender su visión del mundo. Si no salimos a la calle, si no damos un paseo y tomamos aire fresco, no vemos nuestro mundo diario como lo que realmente es y no desarrollamos una visión propia con la cual combatir la desinformación.

El arte demanda el uso completo de nuestros sentidos. Su propósito es despertarlos. Las pantallas, al contrario, nos han hecho perder nuestros sentidos y nuestro sentir. Su efecto general ha sido un tipo de entumecimiento espiritual. "Ser sensual, creo yo, es respetar y celebrar la fuerza de la vida, la vida misma, y estar presente en todo lo que uno hace", escribe James Baldwin en su ensayo *La próxima vez, el fuego*. Continúa diciendo: "Algo muy siniestro les pasa a las personas de un país cuando empiezan a desconfiar de sus propias reacciones tan profundamente como lo hacen aquí, y se vuelven más tristes que nunca". Baldwin se preocupaba de que ya no confiáramos en nuestras experiencias sensoriales: "La persona que desconfía de sí mismo no tiene criterio para medir la realidad".

Cuando estamos pegados a las pantallas, el mundo parece irreal. Terrible. Parece que no vale la pena conservarlo o siquiera pasar tiempo con él. Las personas sobre la tierra parecen trolls, o gente maniaca, o cosas peores.

"¿Qué más puedes hacer?"

pensar

caminar

Pero entonces sales y te pones a caminar y vuelves a tus cinco sentidos. Sí, es cierto, hay uno que otro maniaco y hay bastante fealdad, pero también hay personas sonriendo, pájaros cantando, nubes volando sobre nuestras cabezas... todo eso. Hay posibilidad. Caminar es una forma de encontrar posibilidades en nuestras vidas esos días que parece que no nos queda nada.

Así es que sal todos los días. Camina tú solo largamente. Camina con algún amigo o con alguien que quieras, con un perro. Camina con un colega de trabajo en tu hora de comida. Toma una bolsa de plástico y un palo y sal a recoger basura como David Sedaris. Siempre lleva contigo un cuaderno o una cámara en tu bolsa para cuando te quieras parar a capturar un pensamiento o una imagen.

Explora el mundo a pie. Conoce tu colonia. Conoce a tus vecinos. Habla con extraños.

Los demonios odian el aire fresco.

"Sal y camina. Esa es la gloria de la vida".

–Maira Kalman

(10) PLANTA

TU

JARDÍN.

LA CREATIVIDAD TIENE TEMPORADAS.

Después de ser monja en Los Ángeles durante 30 años, Corita Kent se mudó a Boston para poder vivir tranquila y dedicarse a su arte. Su departamento tenía un gran ventanal con un árbol de maple enfrente y le gustaba sentarse allí y observar cómo el árbol cambiaba de una estación a otra (algo que no se podía apreciar en Los Ángeles, o incluso aquí en Austin, Texas, en donde tenemos sólo dos estaciones: la caliente y la más caliente).

"Ese árbol fue el gran maestro de las últimas dos décadas de su vida", dijo su estudiante Mickey Myers. "Ella aprendió de ese árbol. La belleza que producía en primavera era sólo debido a lo que atravesaba durante el invierno y a veces los inviernos más duros traían las primaveras más gloriosas".

Un periodista la fue a visitar y le preguntó qué había estado haciendo recientemente. "Bueno… mirando el árbol de maple crecer allá afuera. Nunca antes había tenido tiempo de ver un árbol crecer", dijo.

Habló de cómo se mudó al departamento en el mes de octubre cuando el árbol todavía estaba frondoso, y cómo lo vio perder sus hojas poco a poco durante el resto del otoño. En el invierno el árbol se cubrió de nieve. En la primavera, florecitas empezaron a brotar y el árbol no parecía un árbol de maple para nada. Finalmente las hojas se volvieron más reconocibles y el árbol volvió a ser el mismo de nuevo.

"Eso es de alguna manera lo que siento con respecto a mi vida", dijo. "De allí a que eso tenga sentido para alguien más no lo sé, pero yo siento que están sucediendo cosas grandiosas dentro de mí de forma muy silenciosa. Y sé que esas cosas tienen su propia manera, como el árbol de maple, de brotar repentinamente un día en una forma particular".

Para Kent, el árbol llegó a representar la creatividad misma. Como un árbol, el trabajo creativo tiene temporadas, estaciones. Parte del trabajo es reconocer en qué temporada está uno, y actuar de acuerdo con eso. En el invierno, "el árbol parece muerto, pero sabemos que está comenzando un proceso muy profundo a partir del cual vendrán la primavera y el verano".

El cómico George Carlin se lamentaba mucho al ver cómo estamos todos muy obsesionados con la noción de un progreso visible, de ir hacia adelante. "Es una visión estadounidense la de pensar que todo tiene que seguir creciendo: productividad, beneficio, incluso en el mundo de la comedia". Él sentía que no nos damos el tiempo para reflexionar. No nos damos el tiempo de contraernos antes de volvernos a expandir. "No nos damos el tiempo de crecer", decía. "No tenemos tiempo de aprender de nuestros propios errores. Y esa noción va en contra de la naturaleza, que es cíclica".

 LATIDOS DEL CORAZÓN

AMANECERES

 FASES DE
LA LUNA

 ESTACIONES DEL AÑO

 EL REGRESO DE
LA PRIMAVERA

Debes poner atención a los ritmos y ciclos de tu producción artística para aprender a ser paciente en las temporadas bajas. Tienes que darte tiempo para cambiar y observar tus propios patrones. "Vive en cada estación mientras ésta transita", escribió Henry David Thoreau, "y resígnate a sentir cómo te influye cada una".

Una manera de ponerte en contacto con tus propias temporadas es seguir las guías que plantean Kent y Thoreau y observar las estaciones en la naturaleza. Dibuja el mismo árbol cada semana durante un año entero. Empieza a hacer un poco de astronomía. Observa el amanecer y el atardecer durante una semana. Observa la luna cada noche durante un par de ciclos. Trata de sentir qué es el tiempo no mecánico y ve si te vuelve a calibrar y si cambia tu sensación del progreso.

> **"Imita a los árboles. Aprende a perder para poder recuperarte y recuerda que nada se queda de la misma manera por mucho tiempo".**
>
> –May Sarton

Nuestras vidas, también, tienen distintas estaciones. Algunos de nosotros florecemos a una edad temprana; otros no florecen hasta la tercera edad. Nuestra cultura celebra los éxitos tempranos, las personas que florecen pronto. Pero esas personas muchas veces se marchitan muy rápidamente, tan rápido como florecieron. Es por esta razón que yo ignoro todas las listas de "los 35 menores de 35". No me interesan los éxitos anuales. Me interesan los que perduran. Sólo quiero leer las listas de los "8 arriba de 80".

No quiero saber cómo un chico de 35 años se volvió rico y famoso; quiero escuchar cómo un viejo de 80 pasó su vida en la oscuridad, siguió haciendo arte y vivió una vida feliz. Quiero saber cómo Bill Cunningham se trepó a su bicicleta cada día y anduvo alrededor de Nueva York tomando fotos a sus 80 años. Quiero saber cómo Joan Rivers pudo contar chistes hasta sus últimos días. Quiero saber cómo, en sus noventas, Pablo Casals todavía se levantaba cada mañana y tocaba el violonchelo.

Ésas son las personas que yo observo para inspirarme. Las personas que encontraron lo que los hacía sentirse vivos y que se mantuvieron vivos para seguir haciéndolo. Las personas que plantaron sus semillas, se cuidaron a sí mismos y se convirtieron en algo duradero.

Yo quiero ser uno de ellos. Quiero convertir las palabras del pintor octogenario David Hockney en mi lema personal: "Seguiré andando hasta que me caiga".

"La medida no debe ser el tiempo,
un año no importa y diez años no son nada.
Ser artista es no contar o hacer cálculos
y estimados sino madurar como un árbol
que no apremia su savia y se mantiene tranquilo
y confiando bajo las tormentas de la primavera,
sin temor a que después de ellas no vuelva
a llegar el verano. El verano llega.
Pero sólo llega a quienes son pacientes,
a quienes están allí como si la eternidad se postrara
frente a ellos, serenos, holgados y sin preocupación.
Esto lo aprendo diariamente, lo aprendo
con un dolor del que estoy agradecido:
¡la paciencia lo es todo!".

–*Rainer Maria Rilke*

"Se cuenta que un monarca del lejano oriente
en una ocasión encomendó a sus hombres sabios
crear una frase que pudiera ser leída siempre,
que fuera apropiada y verdadera en todo momento
y en todas las situaciones. Sus hombres
le presentaron las siguientes palabras:
'Esto también pasará'.
¡Cuánto expresa! ¡Qué castigo
en un momento de orgullo!, ¡qué consuelo
en un momento de aflicción profunda:
'Esto también pasará'".

–Abraham Lincoln

ESTO TAMBIÉN PASARÁ.

Los demonios externos que mencioné en el último capítulo —los hombres que están empecinados en destruir este planeta, esculpiéndolo para su propio beneficio, como la caricatura del villano Lex Luthor— no durarán para siempre. Dejarán este planeta de la misma manera que nosotros. Es posible que nos lleven con ellos, por supuesto. Pero todos estamos encaminándonos hacia el mismo final. No importa qué pase, esto también pasará y ellos pasarán también. Esta idea me reconforta.

La casa en la que vivo tiene más de 40 años. En realidad, en comparación con otras cosas no es tan vieja, pero mis hijos se trepan a árboles que ya estaban vivos durante la administración de Nixon. Me han contado algunos vecinos con los que platico en mi paseo matutino que a la esposa del arquitecto que construyó nuestra casa le encantaba hacer jardinería. Y mi esposa ha empezado a hacer jardinería también: hace arreglos con las flores que plantó la primera señora que vivió aquí.

La ventana de nuestro baño da al jardín de atrás. Cuando tengo que ir al baño, tomo una pausa en mi escritura y veo por la ventana a mi esposa metiendo las manos en la tierra, enseñándoles a mis hijos las distintas plantas y dándoles a probar las que son comestibles. Cuando veo esas escenas, incluso en días de desesperación, me lleno de esperanza.

TEN VISIÓN.

planto
mi jardín

porque

qué más puedo hacer sino
perder el

tiempo

Debido a que la jardinería requiere mucha paciencia y atención, los jardine-
ros tienen un sentido y una perspectiva del tiempo únicos.

Los meses previos a la Segunda Guerra Mundial fueron unos de los peores
momentos de la vida de Leonard y Virginia Woolf, quienes veían "con impo-
tencia y sin esperanza" los acontecimientos a desarrollarse. Leonard dijo que
una de las cosas más horribles fue oír a Hitler despotricar en el radio: "los
salvajes y locos desajustes de un desvalido vengativo que repentinamente se
vio a sí mismo como todopoderoso".

Una tarde, estaba plantando iris moradas en el huerto bajo un manzano.
"De pronto escuché la voz de Virginia llamándome desde la ventana del salón
de estar". Hitler estaba dando otro discurso. "¡No puedo ir!", le gritó a
Virginia. "Estoy plantando iris y van a florecer mucho después de que él haya
muerto".

Tenía razón. En sus memorias *Cuesta abajo todo el camino*, Leonard Woolf notó que 20 años después de que Hitler se hubiera suicidado en el búnker, algunas de esas flores moradas todavía florecían en el huerto bajo el manzano.

No estoy seguro de qué tipo de flores estoy plantando con mis días en este planeta, pero tengo el propósito de averiguarlo, y tú deberías hacer lo mismo.

Cada día es una semilla en potencia que puede crecer y convertirse en algo hermoso. No hay necesidad de desesperarse. "La cosa de la cual hay que alegrarse es la buena fortuna de haber nacido", dijo el poeta Mark Strand. "Las probabilidades de haber llegado a nacer son astronómicas". Ninguno de nosotros sabe cuántos días nos quedan, así es que sería una pena desperdiciar los que tenemos.

"Éste es precisamente el tiempo en el que los artistas salen a trabajar. No hay tiempo para la desesperanza, no hay lugar para tenerse lástima a uno mismo, no hay necesidad de permanecer en silencio, no hay lugar para el miedo. Hablamos, escribimos, usamos el lenguaje. Así es como las civilizaciones se curan. Sé que el mundo está lastimado y sangrando y aunque es importante no ignorar su dolor, también es crítico negarse a sucumbir ante su malevolencia. Como el fracaso, el caos contiene información que nos puede llevar al conocimiento, a la sabiduría incluso. Como el arte".

–Toni Morrison

Cuando la vida se vuelva abrumadora, regresa al capítulo 1 de este libro y reflexiona sobre tus días. Da lo mejor de ti para poder llenarlos de manera que te acerques un poco más a donde quieres estar. Sé suave contigo mismo. Preocúpate menos por ser productivo. Preocúpate más por las cosas que vale la pena hacer. Preocúpate menos por ser un gran artista. Preocúpate más por ser un buen ser humano que hace arte. Preocúpate menos por dejar huella. Preocúpate más por dejar las cosas mejor que como las encontraste.

Sigue trabajando. Sigue jugando. Sigue dibujando. Sigue observando. Sigue escuchando. Sigue pensando. Sigue soñando. Sigue cantando. Sigue bailando. Sigue pintando. Sigue esculpiendo. Sigue diseñando. Sigue componiendo. Sigue actuando. Sigue cocinando. Sigue buscando. Sigue caminando.Sigue explorando. Sigue dando. Sigue viviendo. Sigue poniendo atención.

Sigue haciendo tus verbos, sean los que sean.

Sigue avanzando.

"HAY TODAVÍA HACER EN

—Anthony Bourdain

ARTE POR ESTE MUNDO".

(1956-2018)

¿Y ahora qué?

- Pon tu celular en modo avión.

- Haz un par de listas.

- Contrata a un niño para que te enseñe a jugar.

- Hazle un regalo a alguien.

- Pon orden.

- Duérmete una siesta.

- Sal a dar un largo paseo.

- Dale una copia de este libro a alguien que necesite leerlo.

- Suscríbete a mi newsletter semanal gratis en: austinkleon.com.

"Los libros se hacen
a partir de libros".

—Cormac McCarthy

- HENRY DAVID THOREAU, <u>JOURNALS</u>

- URSULA FRANKLIN, <u>THE REAL WORLD OF TECHNOLOGY</u>

- NEIL POSTMAN, <u>AMUSING OURSELVES TO DEATH</u>

- DAVID ALLEN, <u>GETTING THINGS DONE</u>

- TOVE JANSSON, <u>MOOMIN</u>

- ANDREW EPSTEIN, <u>ATTENTION EQUALS LIFE</u>

- LAO TZU, <u>TAO TE CHING</u>

- JAMES P. CARSE, <u>FINITE AND INFINITE GAMES</u>

- KERI SMITH, <u>THE WANDER SOCIETY</u>

- ALAN JACOBS, <u>HOW TO THINK</u>

Este libro empezó a vivir en mis diarios...

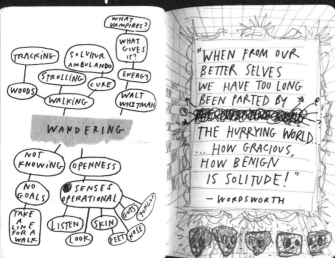

2018 - A

2018

2018

-

2017

2017

2017

2017

2017

2017

2017

2016 JU

"THE LAST YEAR HAS FORCED US ALL INTO POLITICS.... WE DO NOT BREATHE WELL. THERE IS INFAMY IN THE AIR... [IT] ROBS THE LANDSCAPE OF BEAUTY, and TAKES THE SUNSHINE OUT OF EVERY HOUR..."

−RALPH WALDO EMERSON, 1851

IT DOESN'T MATTER IF IT'S GOOD RIGHT NOW

IT JUST NEEDS TO EXIST

PERMISSION

YOU DO NOT NEED PERMISSION BUT IF YOU INSIST

HERE IT IS.

2017 HAS BEEN A SLOW PROCESS OF _DISCONNECTING_ FROM DIGITAL LIFE AS A WAY OF _RECONNECTING_ WITH LOCAL PLACES AND the _INTERNAL STATE_. _WALKING_ IS the EASIEST WAY TO DROP OUT OF the ONLINE FEED AND ENGAGE all 5 ANALOG SENSES, TO SEEK OUT DISCOVERIES IN OUR EVERY DAY WORLD, AND then _WRITING_, BY HAND, ALLOWS US TO CALL FORTH WHAT IS _INSIDE_ US, TO DISCOVER + RECORD.

— WAYS OF THINKING WHILE MINIMIZING DISTRACTION

they are really the same thing — discovering what's inside you...

MISTAKEN FOR VAGRANTS

I FIND IT CURIOUS THAT BOTH BEETHOVEN and BOB DYLAN WERE MISTAKEN FOR VAGRANTS AT the PEAK OF THEIR FAME — BEETHOVEN IN the SUBURBS OF VIENNA, and BOB DYLAN SOMEWHERE IN NEW JERSEY...

I got a flashlight out
and ... [illegible] was crowd-

he started drawing these
... [illegible] little scenes — him

Jules at a monkey, and

people"? sweet boys.

ZINES

IF I JUST MAKE
A ZINE A MONTH,
CAN I STAPLE
THEM TOGETHER
at the END
and CALL IT
A BOOK?

DON'T WORRY,
PAPA

I'LL ASK SIRI
WHAT the TITLE
OF YOUR BOOK
SHOULD BE!

YOU DIDN'T
LOOK LIKE YOU
WERE WORKING
ON A BOOK

YOU LOOKED
LIKE YOU WERE
WORKING ON YOUR
COMPUTER.

Gracias,

gracias

por

recibirme

Gracias a: mi esposa, Meghan, mi primera lectora, mi todo. Mi agente, Ted Weinstein. Mi editor, Bruce Tracy y todo el gran equipo de Workman Publishing, incluyendo a: Dan Reynolds, Suzie Bolotin, Page Edmunds, Rebecca Carlisle, Amanda Hong, Galen Smith, Terri Ruffino, Diana Griffin y muchos más. Andy McMillan y el equipo de Backerkit Bond por invitar a dar la charla que inspiró este libro y a Paul Searle y su equipo por filmarla. Mis amigos, colegas y mentores desde la distancia, incluyendo a: Alan Jacobs, Wendy MacNaughton, Matt Thomas, Kio Stark, John T. Unger, Frank Chimero, Kelli Anderson, Clayton Cubitt, Ann Friedman (especialmente por su obra, *No todos los pasatiempos deben ser un negocio extra*), Steven Tomlinson, Steven Bauer ("¡Aplicar trasero en silla!"), Olivia Laing (especialmente por la historia de Leonard Woolf), Brian Eno, Brian Beattie y Valerie Fowler (¡Es suyo el letrero de "Sigue avanzando" en el capítulo 10!), Ryan Holiday, Maria Popova, Seth Godin, Jason Kottke, Edward Tufte, Levi Stahl, Laura Dassow Walls (por su excelente biografía sobre Thoreau), Deb Chachra (que me presentó a Ursula Franklin) y Lynda Barry. Todos mis grandiosos lectores y los inteligentes y apoyadores suscriptores de mi newsletter informativo mensual. Finalmente, a mis hijos Owen y Jules, que son mis artistas favoritos en la vida y me inspiran cada día.

¡LEE MÁS!

Más de un millón de ejemplares vendidos.

Disponible en donde sea que se vendan libros.

Este libro va a enseñarte cómo construir una vida más creativa en la era digital.

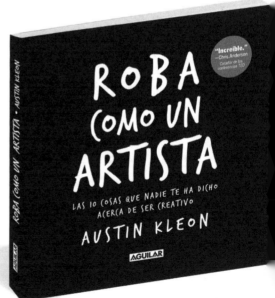

notas

Sigue avanzando de Austin Kleon
se terminó de imprimir en julio de 2019
en los talleres de
Litográfica Ingramex, S.A. de C.V.
Centeno 162-1, Col. Granjas Esmeralda, C.P. 09810,
Ciudad de México.